해맑은 영혼처럼

해맑은 영혼처럼

유해원 수필집

한 솔

| 작가의 말 |

누군가 제 글을 읽고 한 사람만이라도

마음의 치유를 받을 수 있으면 좋겠습니다.

누군가 제 글을 읽고 한 사람만이라도

생각의 변화를 할 수 있으면 좋겠습니다.

2022년 1월
유해원

| 차례 |

■ 작가의 말

제1부 사랑은 아픔으로 다가온다

번개1	10
번개2	15
걷다	17
운전하다	23
말하다1	28
말하다2	33
사랑은 아픔으로 다가온다	37
노래! 날개를 달다	44

| 차례 |

제2부 변화, 습관의 힘

캘커타 코코넛	50
나의 멘토	56
은인	64
긍정적 포기	66
애환(哀歡)	71
낙타	73
변화, 습관의 힘	75

| 해맑은 영혼처럼 |

제3부 해맑은 영혼처럼

길 위의 아카데미	82
문암생태공원 친구들	87
해맑은 영혼처럼	91
애기똥풀	96
우리 집	101
숲속 길1	106
숲속 길2	110
오비이락	115

| 차례 |

제4부 알지 못하는 아픔

원인을 알 수 없는 통증　　　　　　　120
다락방　　　　　　　　　　　　　　125
욕망　　　　　　　　　　　　　　　130
나의 첫 파견근무지　　　　　　　　136
심장 판막　　　　　　　　　　　　　140
뇌전증　　　　　　　　　　　　　　144
전조 현상(前兆現象)　　　　　　　　149
알지 못하는 아픔　　　　　　　　　154

| 해설 | 잃어버린 날개를 찾아가는 과정 - 권희돈　　159

▶▶▶▶
제1부

사랑은 아픔으로 다가온다

번개1

불현듯 번쩍이는 번개가 하늘을 가르고 뒤이어 나의 세포조직 하나하나를 파괴해 나갔다. 얼마 후 몸이 완전히 마비되었다. 나무가 쓰러지듯 나도 시멘트바닥으로 무너져 내렸다.

미국소프트웨어 회사 한국대리점에 근무하던 때였다. 소프트웨어 프로그램 설치 및 기술지원을 하다가 회사 사정으로 영업업무를 하게 되었다. 영업하다 보니 술자리가 많아졌다. 술을 잘 마시지 못해 스트레스가 심하였다. IMF 터지던 해, 삼월이 다 지나가도록 영업실적은 오를 기미가 없었다.

영업 전략을 어떻게 할 것인지에 대해 회의를 하고 저녁 식사하러 가는 중이었다. 갑자기 머리가 욱신욱신 아파왔다. 발걸음이 느려졌다. 동료들과의 거리가 점점 멀어지고 있었다. 시야에서 그들이 사라졌다. 무엇에 얻어맞은 듯 머리가 '띵~' 하고 울렸다. 순간 머릿속이 핑 돌며 어지러웠다. 잠시 후 내 몸의 모든 기능이 멈춰버렸다. 수 초의 시간이 흘렀을까? 다리가 풀려 오른쪽으로 힘없이 주저앉았다. 창피하다는 생각이 들었으나 곧 그런 마음도 사라졌다. '내가 왜 이러지?'라는 생각만 들었다.

초점 없는 눈으로 지나가는 사람들 얼굴을 쳐다보고 있었다. '저 좀 도와주세요.'라고 말하듯이. 많은 사람이 쳐다보고 무심히 지나쳐갔다. 초저녁부터 보도에 쓰러져 앉아 있는 모습이 거리의 사람들에게는 어떻게 비쳤을까? 딱하다, 걱정스럽다, 짜증난다, 불쾌하다, 화난다, 불쌍하다……. 인상을 찌푸린 여자들이 나를 피해갔다. 눈길을 행인들에게 둔 채 그렇게 시간이 흘러갔다. 사람들의 모습이 점점 흐릿해졌다. 잠시 기절한 모양이었다. 누군가 나를 흔들어 눈을 떴다.

"이봐요. 정신 차려요."

말이 나오지 않았다.

"술 먹고 일어나지도 못하는군. 쯧쯧! 아저씨 일어나 봐요."

또 다른 남자가 말했다.

"술 안 먹었어요. 몸이 이상해요. 저 좀 일으켜주세요."

큰 소리로 이야기했다. 곧 이런 말이 들렸다.

"말을 못 할 정도로 많이 취한 것 같아. 경찰을 불러야겠는데."
그 소리를 듣고 또 정신을 잃었다.

오줌이 마려워 눈을 떴다. 사람들이 바쁘게 움직이고 있었다. 여기저기 아우성치는 소리가 들려 소란스러운 시장 같았다. 방배동 어느 병원 응급실이었다. 누군가 내 옆으로 다가왔다. 하얀 옷을 입은 여자였다. '오줌이 마려워요. 쌀 것 같아요.'라고 말했으나 그녀는 엉뚱한 말을 했다. 나를 보더니 '선생님, 이 사람이 깨어났어요. 어떻게 할까요?'라고 말하는 소리를 들었다. 잠시 후 따뜻한 물이 바지를 적시는 느낌이 들었다.

"어머머. 아저씨, 여기서 소변을 보면 어떡해요."

그 말을 들으며 다시 기나긴 어둠 속으로 빠져들었다. 나는 술 취한 사람으로 취급하여 응급실 바닥에 혼수상태로 누워 있었다. 이른 새벽에도 깨어나지 않자 아버지가 S 병원으로 옮겼다.
보름 만에 죽음의 문턱에서 현실의 세계로 다시 돌아왔다. 눈을 떴다. 머릿속이 몽롱하였다.

"원이가 눈을 떴어."

안도의 한숨 소리가 들리는 것 같았다. 우는 소리도 들렸다. 아는 사람들의 얼굴이 뿌옇게 흐려 보였다.

"이젠 살았어! 원아, 정신이 들어?"

어떤 아주머니의 소리에 그곳으로 고개를 돌렸다. 낯은 익은데 누군지 기억이 나지 않았다. 무슨 이야기를 하고 싶은데 '어~버버'란 말만 나왔다. 많은 기억이 사라진 것을 어렴풋이 알았다. 오른손과 발이 마음대로 움직이지 않았고, 입술이 일그러져 벌어진 오른쪽으로 침이 뚝뚝 흘러내렸다. 이상한 나라에 온 사람처럼 두 눈만 껌벅거리고 있었다. 분명히 저세상에서 돌아왔건만 아무것도 생각나지 않았다. 어머니마저도 알아볼 수 없었다. 내가 알던 이 세상의 모든 것이 완전히 어긋나 있었다.

번개를 맞은 후 몸이 양분되었다. 반쪽인 오른쪽 몸이 마비되었다. 그런 상황이 오기까지 내 몸에서 여러 신호를 보냈다. 가끔 두통이 심하고 머리가 무거웠다. 심장판막 시술을 한 후 왼쪽 가슴의 통증이 드문드문 찾아왔다. 육 개월에 한 번씩 정기 검진을 받으라는 의사의 말을 무시했다.

나에게 보내는 건강 이상신호를 먹고살기에 급급하여 무

시하고 말았다. 아무리 바쁘더라도 몸이 보내는 경고를 제때 받아들여야 한다는 것을 깨달았다.

웃어른들은 중풍(뇌졸중)에 걸리면 오래 살지 못한다고 생각하였는데, 나는 병이 발병한 후 이십삼 년을 살고 있다. 아직도 건강하게 살고 있으니 대단한 행운이다.

번개2

아마 서울의 어느 거리였을 것이다.
불현듯 번쩍 번개가 치고 천둥이 울었다.

나의 병명은 뇌졸중이었다.
보름 만에 깨어나서 보름 만에 퇴원하였다.

번개는 나의 몸을 파괴시켰다.

기억을 잃고, 말을 잊고, 감각을 잃었다.
머리와 얼굴은 반쪽이 없는 것 같았다.
오른팔은 왼쪽 가슴에 뒤틀려 붙어 있었고
걸음걸이는 심하게 기울어진 모양이었다.

번개는 나의 가족도 파괴시켰다.

초등학교 4학년인 아들은 할머니께로 가고
초등학교 2학년인 딸은 엄마를 따라갔다.

살고 싶다는 생각뿐이었다
잃어버린 말을 찾기 위하여
잃어버린 기억을 찾기 위하여
잃어버린 발걸음을 찾기 위하여
걷고 걷고 걷고
또 걸었다

슬픔조차 느끼지 못한다는 사실이
얼마나 슬픈 일인지

아주 먼 옛날의 희미한
그러나 무섭고 두려운
불빛!

걷다

아파트 뒷산을 걸었다. 오르막 코스에서 오른쪽 팔이 경직되었다. 발걸음은 더딜 수밖에 없었다. 흐르는 땀을 닦으며 걸음을 이어갔다. 언덕 정상 부근에 쉴 수 있는 벤치가 두 개 있었다. 그곳에 앉아 있는 남자 두 사람이 나의 모습을 유심히 보는 것 같았다. 벤치 옆을 지나는데 나에 관해 이야기하는 느낌을 받았다. 내가 정상을 돌아올 때까지 남자들은 벤치를 지키고 있었다. 옆 벤치에 앉아 나는 모자와 마스크, 안경을 벗고 흐르는 땀을 수건으로 훔치고 있었다.

"나는 몇 년 전에 뇌동맥이 막혀 시술을 받았어. 빠른 시술 덕분에 신체에 손상은 거의 없어."
"그렇군. 나도 2년 전에 심장 동맥에 핏덩이가 생겨 막힌 부분을 시술로 해결한 적이 있었네."
두 남자의 대화가 귀에 들어왔다. 24년 전에 있었던 일이 주마등처럼 스쳐 지나간다.

 눈을 떠보니 병실이었다. 아무 기억도 나지 않고 내가 누구인지도 몰랐다. 몇 사람 얼굴은 어렴풋이 기억나는데 나와의 관계와 이름이 생각나지 않았다. 보름 만에 의식을 되찾았다고 모두 기적이라고 하였다. 숨을 쉬고 있는 것이 하나님의 도움이라는 소리도 들렸다. 며칠 지나니 희미하게나마 기억이 하나씩 나기 시작하였다. 말을 못 하는 사실을 받아들여야 하며, 옛날 기억이 많이 사라지고 맑은 정신이 아니라는 사실도 알게 되었다. 이런 사실들을 받아들여야 한다니! 제일 힘든 게 무어냐고 묻는다면 말을 못 하는 것이었다.

 내 몸의 모습은 기괴하였다. 입술은 양 끝에 엄지와 검지를 갖다 대고 비틀어 놓은 모습이었다. 벌어진 오른쪽으로 음식물이나 침이 질질 흘러나오는데 감각이 없으니 느끼지 못하였다. 오른팔은 왼쪽 가슴에 붙어 있어 기능을 상실한 상태였다. 오른 다리는 심하게 기울고 뒤틀어져 있었다. 발바닥으로 걷지 못하고, 발모서리로 위태롭게 걸었다. 그 다리는 힘이 없어 흐느적거렸고 오른손가락과 발가락은 갈고리발톱같이 안으로 꼬부라져 있었다. 오른쪽 머리와 얼굴은 없는 것 같았고 감각을 거의 느낄 수 없었다.

 오른쪽 편마비였다. 사람의 몸은 머리부터 발끝까지 반으로 나뉘어 각각 좌뇌와 우뇌가 담당한다. 머리, 눈, 코,

입, 목, 가슴, 복부, 다리도 좌우 반씩 나뉘어 관장한다. 좌뇌로 가는 혈관이 막혀 그 밑의 뇌가 물로 변해 많은 기억을 잃었고 말하는 기능도 사라졌다.

 S 병원에서 보름 후에 퇴원하였다. 병원에서 더 할 수 있는 일이 없으니 퇴원하라고 하였다. 한 달간의 병원 생활을 뒤로하고 집에 돌아왔다. 머릿속이 흐리멍덩하지만 걸어야 한다는 사실은 알았다. 집에서 혼자 걸음을 걸으려고 하였으나 매우 힘들었다. 그래도 힘을 내 동네 주변을 걷기 시작하였다. 몸 상태가 이상하거나 오른쪽으로 심하게 기울어졌어도, 남의 눈을 의식하지 못한 상태에서 어렴풋하게 기억나는 길을 걸었다. 하루 이틀 일주일 한 달 그리고 계속해서 걷고 또 걸었다.

 육 개월이 지났을 때, 개인 사정이 생겨 한강 가까운 곳에 살고 계신 부모님 댁으로 옮겼다. 아침부터 저녁까지 한강공원을 걸었다. 힘들면 쉬고, 배고프면 빵을 먹으며 걸었다. 내가 지금 걷지 않으면 다시는 걸을 기회가 없을 거라는 조바심으로 걸었을 것이다. 비 오면 우산 들고 조심스레 걷고, 눈 오면 미끄러워 엉금엉금 기어 걸었다. 몸이 아프지 않는 한 제집 드나들 듯 한강을 돌아다녔다.

 걷기 시작한 지 일 년이 지났다. 걷는 것에 어느 정도 자신이 붙었다. 조금 먼 잠실 석촌 호수까지 걸어보자고 생각하였다. 집에서 출발해 잠실대교를 건너면 잠실사거리가 나오는데 수많은 사람이 바쁘게 걷고 있는 거리이다. 나도 번개 맞기 전에 그 길을 수없이 걸었다. 사람들 사이사이를 걸어 호수 쪽으로 가는 데 시간이 오래 걸렸다. 흘낏흘낏 쳐다보는 사람들의 눈길을 느끼며 걸었다. 복잡한 곳을 걸어 다닌다고 짜증나는 얼굴을 한 사람도 있었다. 그래도 나는 무심히 걸었다.

어느 순간 산을 오르고 싶었다. 가까운 곳에 있는 산을 선택해 오르기 시작하였다. 오르고, 쉬고, 오르기를 반복하였다. 평지와 달리 엉금엉금 기어서 올랐다. 힘들어 속으로 울 때도 있었고 포기하고 싶을 때도 많았으나 억척스럽게 꾸준히 걸었다. 이러구러 몇 달의 시간이 흘렀다. 드디어 조그만 산을 오르게 되었다.

그리고 십수 년 시간이 흘렀다.

아내와 낙가산을 네 시간째 오르고 있었다. 올라갈 수 없는 가파른 언덕을 보고 아내만 올라가게 하였다. 오십 미터만 더 가면 정상인데……. 길옆에 주저앉았다. 나와 비슷한 나이의 여성이 올라왔다. 급한 비탈길을 피해 길이 아닌 옆으로 올라가는 게 아닌가.

'아~저렇게 올라가면 되겠구나. 내가 왜 그 생각을 못 했지!'

조심해서 그녀가 오른 길을 뒤따라 올라갔다. 험난한 코스를 정복하고 뒤돌아보니 내가 있던 자리는 바로 발아래였다. 저곳을 못 올라와 주저앉아 있었다니 헛웃음이 나왔다. 483m가 새겨진 정상 표지석 뒤에 땀에 전 모습으로 어색한 웃음을 띤 내가 서 있었다. 빨간색 점퍼와 왼손엔 지팡이를 짚고서. 정상에서 밑으로 내려갈 일이 다시 걱정되었다. 가다 보면 언젠가는 내려간다는 생각으로 걸어갔다.

어떤 일이라도 처음엔 어렵지만 하면 할수록 쉬워진다. 그것이 습관이 되면 힘 안 들이고 자연스럽게 그 일을 할 수 있다. 장애를 입은 한 친구는 일 년 동안 산 오르기를 꾸준히 하니 지금은 아주 잘 탄다고 하였다. 나도 그렇게 하고 싶다.

> "아무리 절망적인 상황이 닥쳐온다 해도 결코 당신은 혼자가 아닙니다. 모두에게서 버림받은 것도 아닙니다. 당신이 어두운 길을 헤매는 그 순간, 당신이 홀로라고 느끼는 그 순간, 당신을 사랑하는 신이 당신을 업고 갈 것이기 때문입니다."

남편과 이혼하고 수입도 없이 갓 태어나 딸을 안고 밑바닥 생활을 이겨낸 『해리 포터와 마법사의 돌』 저자 조앤 K. 롤링의 말이다.

나는 살아야겠다는 생각에 걷기 재활을 시작했고 하루의

일과를 걷는 일만 하였다. 힘들면 쉬었다가 또 하였다. 1년이 지나고 2년이 지났다.

지금도 24년째 걷기를 계속하고 있다.

운전하다

 번개를 맞은 지 이년 반쯤 되었을 때 불현듯 운전을 다시 하고 싶어졌다. 운전할 수 있다면 어디든지 자유롭게 갈 수 있지 않을까? 그런 생각을 하니 희망이 꿈틀거리고 가슴이 쿵쿵 방망이질 쳤다.

 막상 운전을 다시 시작하려고 하니 어려운 일이 한둘이 아니었다.

 오른쪽을 주로 사용하던 사람이 오른쪽 마비가 되었으니 어찌한담?
 굳이비린 오른쪽으로 고개를 돌려 백미러를 살필 수 있을까?
 왼손만 가지고 핸들을 자유자재로 돌릴 수 있을까?
 왼발로 액셀과 브레이크를 구분해서 잘 밟을 수 있을까?

내 몸은 오른쪽으로 쏠려있는데 똑바로 운전할 수 있을까?

눈앞이 아찔하거나 순간적으로 띵한 느낌이 오면, 얼음이 된 것처럼 그 자리에 서 있어야 하는데 이런 증상이 나타나면 어떻게 하지?

이런저런 걱정으로 쉽게 마음의 결정을 내리지 못하였다. 그러나 미룰 수만 없었다. 차를 타 본다고 하자 가족들이 극구 말렸다. 내가 손짓·발짓하며 강하게 의사 표현을 하자 마지못해 승낙하였다. 매제에게 운전 연습을 도와달라고 부탁했다.

매제가 쉬는 날, 한강공원 주차장으로 차를 운전하여 가며 괜찮겠냐고 물었다. 약간의 두려움은 있었으나 걱정 없다는 뜻으로 왼손 엄지 척을 보여주었다. 주차장에서 내 차를 바라보았다. 회사 다닐 때 항상 발이 되어 주었던 자동차가 내게 이런 말을 하고 있었다.

"주인님, 도전하세요. 한 번에 안 되면 두 번 세 번 하면 되죠. 걱정하지 마시고 해 보세요."

나 혼자만의 생각에 혹하여 차에 올라타려 시도했지만 오른쪽 몸이 잘 들어가지 않았다. 오른팔이 왼쪽 가슴에 붙어 있어 불편함을 더했다. 오른다리를 질질 끌다시피 하여 몸을 들이밀어 자리를 잡았다. 매제는 그 상황을 한 동작 한 동작 말없이 지켜보고 서 있었다. 말은 없었지만 불안해하는 마음이 얼굴에 씌어 있었다.

시동을 걸었다. '부르릉~.' 기어를 D에 놓았다. 자동차가 움찔한다. 오른쪽 발밑에 있는 브레이크에서 왼발을 조금 뗐다. 차가 서서히 움직이기 시작하였다. 사람이 지나가는 모습이 보여 급브레이크를 밟으니 차가 요동을 친다. 그리고 또다시 같은 동작을 반복하였다.

운전 연습을 한 주차장에 차를 세워놓고 다음 날 또 같은 행동을 반복하였다. 몇 날이 지나갔다. 자동차가 내 마음대로 조금씩 움직이기 시작하였다. 마치 천천히 자라는 나무처럼 운전 실력이 자라났다.

문제가 생겼다. 왼발로 액셀과 브레이크를 밟으려니 급브레이크와 급발진이 여러 번 있었다. 자동차는 오른 손과 발 또는 양손과 양발을 쓰는 사람에 맞게 만들어져 있었다. 지금은 H 자동차에서 왼손만 쓰는 장애인을 위한 자동차가 나오지만, 오른쪽 편마비에 대한 배려가 그때는 없었다. 발의 위치를 잡는 데 애를 먹었다. 순간순간 실수를 했다. 브레이크를 밟는다는 게 액셀을 눌러 깜짝 놀라는 일이 한두 번이 아니었다. 고민에 고민을 거듭하였다.

그러던 어느 날 매제가 액셀을 왼발로 조작하는 장치를

인터넷에서 찾았다고 하였다. 그 장치를 달고 나니 운전이 훨씬 편해졌다. 액셀 누르는 발판을 왼발에 갖다놓으니 발이 꼬여 브레이크 대신 액셀 누르는 일이 쉽게 해결되었다.

2개월여 뒤, 설렘과 두려움 속에 차를 몰고 거리로 나갔다. 왼손 왼발로 초보운전 하는 사람처럼……. 처음에는 동네를 한 바퀴 돌았다. 도로 주변의 상황이 낯설게 느껴졌다. 걸어가는 사람들도 어색하게 다가왔다. 일주일의 시간이 지나갔다. 조금 더 먼 곳까지 달려 보았다. 거리는 점점 익숙한 모습으로 다가왔다. 시간이 지나자 어디든지 갈 수 있는 든든한 발이 생겼다.

요령을 익힌 왼발은 내 명령에 따라 가고 싶은 곳으로 데려다주었다. 누구에게 부탁할 필요 없이 자유롭게 내 의지로 살아갈 수 있으니 얼마나 행복한지 모른다. 반대하던 식구들도 내가 운전하는 차를 타고 웃으며 다닐 수 있게 되었다.

사람은 누구나 자기 자신에 대해서, 자기가 알고 있는 것보다 훨씬 더 많은 능력을 갖추고 있음을 알았다. 인간의 뇌가 평생 변화할 수 있다는 뇌가소성 이론도 배웠다. 어떤 일이든 끊임없이 반복적으로 노력하여 습관을 들이면, 힘들이지 않고 할 수 있다는 것도 알았다. 나는 희망의 끈을 붙잡았다.

헬렌 켈러에게 희망을 준 앤 설리번 선생의 말이 생각났다.

"불가능한지, 아닌지는 당신이 아니라 신이 결정합니다.
당신이 할 수 있는 것은 희망을 갖는 일.
희망이란 사람을 성공으로 이끄는 강한 믿음
희망이 없으면 아무것도 성취할 수 없습니다."

만약 그때, '나 같은 사람이 어떻게 운전을 해.'라는 결정을 내렸다면, 지금도 나 스스로 살지 못하고 좌절과 절망 속에서 꼼짝 못 하고 운명에 뒤엉켜 있을 것이다.

말하다1

 재활로 운전을 할 수 있었기에, 안산에 있는 근로복지공단 장애인훈련원에 정보화 교육을 받으러 왔다. 전 직장에서 내가 하던 일이 컴퓨터 관련된 일이라 쉽게 생각하였다. 사실 재활하느라 지친 나를 쉬게 하려는 마음이 더 많았다. 교육은 쉬운 게 아니었다. 알았던 기억도 사라지고, 지금 배운 것도 쉽게 잊어버렸다. 공부가 안되니 자연히 놀 궁리만 하였다.
 하루는 훈련 동료가 인천 재활병원에 검사를 받으러 가는 데 따라갔다. 동료는 진료를 받으러 들어가고 나는 휴게실에서 TV를 보고 있었다. 환자복을 입은 수더분한 남자가 말을 걸어왔다. 동료와 이야기하는 모습을 보았다고 말하며 옆에 앉아도 되냐고 물었다. 그러라고 하면서 상대를 경계의 눈초리로 쳐다보았다.

"껌과 친하게 지내보세요. 그러면 말을 할 수 있답니다."

상대의 입에서 뜻밖의 말이 튀어나왔다. 그때까지도 말이 안 돼 애를 먹고 있었다. 의심의 눈초리에서 희망의 눈빛으로 바로 바뀌며 대답했다.

"그~그래요?"
"아까 말하는 걸 들어보니 옛날의 내 생각이 났어요."

당신도 말이 잘 안돼 소통에 많은 어려움이 있었다고 말하였다.

"아~아저씨도 마~마~를 자~자알 못 해요? 마~말 자~잘 하는데."

횡설수설, 더듬더듬하며 열심히 의사를 표현했다. 자기도 말을 못 할 때 껌을 씹어보라는 말을 누군가에게 들었다는 것이다. 그 과정을 열심히 따라 했더니 지금처럼 말을 할 수 있다고 하였다. 마비된 오른쪽 이악 혀를 시간 날 때마다 껌으로 풀어주었다고 하였다. 그리고 기회만 되면 이런 사실을 뇌병변장애인에게 이야기해 줬다고 말했다.
그 말을 들은 후 곧바로 실천에 들어갔다. 처음에는 오른쪽 혓바닥과 천장 그리고 이에서 감각이 느껴지지 않았다. 처음부터 잘 되는 게 어디 있겠냐 싶어서 꾸준히 씹었다. 너무 열심히 입 운동을 하니 주변 지인들로부터 '보기 안 좋으니 조금만 씹어.'라는 말을 들었지만 못들은 척하고 계속하였다.

시간은 느리게 흘러갔다. 일 년이 지나 말하는 데 크게 불편하지 않았을 때 껌 씹는 것을 그만두었다. 장애인으로 사는 데는 큰 불편이 없었기 때문이다.

그리고 십여 년이 흘렀다.

사랑스런 부인과 재혼을 하였다. 신혼의 새 출발을 위해 아내와 함께 청주로 이사하였다. 이곳에서도 장애인들하고만 어울렸다. 장애인복지관을 다니다보니 말 못 하는 편마비장애인이 여러 명 있었다. 이야기 할 기회가 있을 때마다 말을 하게 된 경험을 그들에게 말해주었다. 나에게 껌을 씹으라고 했던 그 사람같이 껌을 씹어보라고 권유하였다. 말하는 것은 할 수 있지만 받아들이는 것은 상대의 몫이다. 내가 겪은 일을 따라 하는 사람은 한 사람도 없었다.

그중에 같은 뇌병변장애인인데 말을 잘하고 깊은 사색까지 하는 사람이 있었다. 내겐 머리가 아파 뇌를 쓰며 생각하는 일이 참으로 힘든 일이었다. 그는 신선한 충격을 주었다. 유창한 말과 사유하는 능력에 대해서는 장애인복지관 안에서는 군계일학이었다. 오른쪽편마비인 그는 오른손으로 망치를 들고 못질을 하였으며, 삽질과 곡괭이로 흙을 파는 것도 가능하다는 것을 보여주었다. 7년간 껌을 씹었다는 말을 듣고 나는 다시 껌을 씹기 시작하였다. 발병한 시간이 많이 지나 효과는 쉽게 나타나지 않았다.

청주 NGO에서 교육을 받을 기회가 있었는데 그곳에서 큰 깨달음을 얻었다. 이 모임은 비장애인의 모임이었다. 내가 그곳에 들어가는 기회를 얻었으나 책을 잘 읽지 못하고 생각하는 게 흐리멍덩하였다. 모임에서는 나를 슬프게 하였지만, 강사님의 따뜻한 배려로 말하기 훈련에 다시 도전하게 되었다. 강사님은 독서하는 방법을 이야기하고 좋은 책을 권유해 주었다. 그분의 말씀을 따라하려고 책도 읽고 사색의 시간도 가지려고 노력하였다. 그는 남은 인생을 어떻게 살아야 하는지 알려주신 내 인생의 멘토이셨다. 강사님에게 몇 년의 기간을 배우며 따라하려고 노력하였다. 말하는 연습도 체계적으로 다시 시작했다. 장애인합창단에 들어가 노래를 배웠다. 노래를 못해 음악하고는 담을 쌓고 살았지만 말하는 연습과 발음에 큰 도움을 준다기에 적극적으로 참여하였다.

시간이 지나 어떤 모임에서도 내 생각을 말할 수 있는 사람이 되었다. 어렵다는 독서도 조금씩 하게 되었고 사유의 시간을 가질 수도 있었다.

팔다리 없는 장애인인 닉 부이치치는 이런 말을 했다.

"누구나 실패합니다. 그러나 그때마다 배우는 것이 중요합니다. 그러면 누구나 다시 일어날 수 있습니다. 우리의 길은 서로 다릅니다. 남들과 비교해 우울해하지 마세요. 내가 가지고 있는 것에 감사하고 나의 장점에 집중하세요. 스스로 한계를 정하지 마세요. 나는 팔다리가 없지만 날마다 새로운 것에 도전합니다."

나의 좌우명을 컴퓨터 바탕화면에 띄워 놓았다.

"삶은 선택의 연속이고 인생은 선택한 것을 실천하면 된다. 잘못된 길이면 다시 선택하고 그것을 또 실천하면 된다. 내가 생각한대로 내 인생을 변화시킬 수 있다."

말하다2

그 뒤로
무려 3년간 말을 못했다.
고장 난 시계처럼 숨이 멈추었다.
의사소통을 못하니 가슴에 깊은 응어리들만 부글거렸다.
그 응어리는 펄펄 끓는 가마솥에서 언제 폭발할지 몰랐다.
답답한 마음에 분노가 끓어 오른다.

죽을 만큼 힘든 세월이었다.

우연한 기회에 인천 산재재활병원에 들렀다.
누군가 다가와 지나치듯 말을 걸어왔다.

"껌을 씹어보세요."
말을 못 하는 내가 측은했나 보다.

"마비된 쪽으로 씹으면 말을 할 수 있어요."
"혀의 운동에 의해서 발음이 일어납니다."
"껌을 씹으면 혀가 부드러워지죠."

껌을 씹기 시작했다.
하루도 빠지지 않고 어디에서든 씹었다.
음식을 먹을 때 외에는 입 안에 달고 살았다.
잘 때도 잊어버리지 않으려고 벽에 붙여놓았다.
아침에 그 껌을 떼어서 또 씹었다.

시간은 느티나무처럼 더디게 자랐다.

한 달이 지나고
3개월이 지났다.
단어들이 조금씩 트이기 시작했다.
1년이 지나 서툴지만 말이 되어 나왔다.
어눌한 말로 내 의사를 전달하기 시작하였다.

의사전달이 되니 껌 씹는 것을 그만 두었다.

"너와 나의 행복 만들기"
라는 강의를 들으면서

그것이 결정적인 패착이었음을 깨달았다.
장애인들과 이야기를 할 때는 몰랐었는데
비장애인들과 이야기를 하다 보니
내 말이 매우 어눌하여
말을 알아듣지 못하였다.

다시 껌 씹기를 시작하였다.
복식호흡으로 기도의 근육을 키웠다.
숨을 깊이 들이마시고
구십도 허리를 굽혀 시를 낭송하고
허리를 펴며 숨을 깊이 내뿜었다.
똑바로 서서 자음과 모음을 연습하였다.
기초발성과 어려운 단어의 발성도 시도했다.
발음이 미세하게 조금씩 좋아졌다.

다치기 전의 발음에는 미치지 못하지만
비장애인들과 함께 의사소통할 수 있다는 것만으로도
나는 행복하다.
그런 나를 칭찬해주고 싶다.
모든 사람이 고맙고 미안하고 감사하다.
내가 말문을 트는데
마중물이 되어준 껌에게도

인사를 해야지.

나에게 껌을 씹을
것을 권해주신 그 분은
지금 어디에서
무엇을 하고 계실까?

사랑은 아픔으로 다가온다

K 시를 동서로 나누는 하천이 있다. 천변 하류에 있는 생태공원은 시민들의 휴식처로 사랑을 받고 있다. 그곳을 산책하는데 마음을 흔드는 문구가 들어왔다.

> "꽃이 피어서 봄이 아니라 // 당신이 옆에 있어 봄이에요."
>
> (오광석 글)

이 문구를 보니 지금 내 옆에 사는 사람과의 만남이 생각났다.

십 년 전 지인의 소개로 서울에서 생면부지의 C 시로 이사를 했다. 한 달간 내가 있을 곳을 알아보기 위해 이곳저곳 돌아다녔다. 그러다가 ○○장애인종합복지관에서 운영하는 칠보 공예반에 교육생으로 들어가게 되었다. 그곳에서 보조강사 J를 만났다. 옷을 단정하게 차려입고 웃는 모습이 마음에 들었다. 쉬는 시간이면 보조강사들과 함께 이야기하였다. 대부분 그들, 특히 그녀의 말을 많이 들어주었다. 그녀와의 만남이 즐거웠고, 이야기하는 순간마다 행복하다는 느낌이 들었다. 그녀와 더 가까워지고 싶어졌다.

그들과의 대화 속에서 몇 가지 사실을 알게 되었다. 그녀는 교통사고로 뇌병변장애인이 되었다. 손발의 움직임이 느리고 기억력이 많이 떨어졌다고 한다. 띠동갑보다 조금 더 연하이며 미혼이고 M 동에 살고 있었다. 나도 몸이 마비된 뇌병변장애인이며 오른쪽 손발을 잘 사용하지 못한다. 거기다가 이혼한 상태로 사실 그녀에게 다가갈 수 있는 처지가 아니었다.

그렇게 한 달이 흘러갔다. 매일 보는데도 늘 함께하고 싶어졌다. 그러면 안 되는 줄 알면서 내 몸과 마음은 이미 그녀에게 풍덩 빠져 있었다. 이런저런 생각으로 혼자 애를 태우다 나를 도와주는 활동 보조님에게 이야기해 보았다. 그분은 나와 비슷한 나이이고 말이 잘 통하는 유일한 사람이었다.

"애태우지 말고 문자라도 보내 봐요. 마음을 알려서 잘 되면 좋고, 아니면 지금의 마음만 간직하면 되는 것 같은데요."

여기에 용기를 얻어 문자를 보내려고 문장을 만들어 보았다. 수정하고 또 수정해서 나름대로 완성된 글을 만들었다.

"일하는 모습이 아름답고 단정합니다. 그동안 지켜보면서 나의 마음이 설레었습니다. 더 많은 이야기를 나누고 싶은데 개인적인 만남은 어떨는지요?"

한참 후에 '딩동!' 하는 메시지 알림 소리가 울렸다. 가슴이 두근거렸다. 거절하면 어쩌지? 오랫동안 문자를 확인하지 못했다.

"저도 대화를 해보고 싶어요. 지금 가족과 동해안으로 여행 왔어요. 만나서 이야기해요."

내 마음은 끝없이 펼쳐진 황무지에서 처음 꽃을 발견한 섬벌 같았다. 만나는 날이 오기를 간절히 기다렸다.
이렇게 그녀와 나는 서로 사랑하는 사이가 되었다. 낮에는 교육장에서 보아 즐거웠고, 저녁에는 둘이서만 오붓하게 맛있는 음식을 먹으며 행복한 시간을 보냈다. 여행하기 좋은 곳을 찾아다니며, 사랑을 만들어 나갔다. 꿈같은 날들이 흘러갔다.

주변에서 우리에 대한 소문이 들려왔다. 어느 날 40대 장애인이, 자신이 그 여자의 남친이라며 나에게 시비를 걸어왔다. '당신이 뭔데 그녀와 사귀냐.'라고 하면서 대들었다. 사정을 잘 모르는 나는 '확인해 보고 다시 이야기하죠.'라고 말하고 그 자리를 피했다.

그녀가 말했다.

"전 남자친구였어요. 잠시 만나준 것뿐이에요. 지금은 오빠만을 사랑해요. 얘기 잘해 다시는 이런 일이 없도록 할게요."

그녀가 그에게 어떤 말을 했는지 모르지만, 그 친구는 더는 내게 시비를 걸지 않았다. 그녀의 부모님도 아셨다. 집에서 어머니의 말씀은 절대적인 것 같았다.

그녀의 이야기를 들어보면 어머니는 '장남이 잘 되어야 동생들도 잘 된다.'는 마음으로 가정을 이끄셨다고 한다. 그래서 오빠의 말과 행동에 힘이 실려 있다고 하였다. 서울에서 오빠가 고향에 올 때마다 나를 불러내어 꼬치꼬치 캐물었다. 동생과 만나지 말아 달라, 재혼하는 사람에게 보내기 어렵다, 돈은 있느냐, 어디서 살 거냐, 통장을 보여 달라. 착잡하고 비굴한 생각에 내 마음은 어찌해야 할 바를 몰랐다. 솟아오르는 화를 잠재우느라 한동안 호흡을 가다 듣어야 했다. 솔직하게 이야기를 했다. 모아 놓은 돈은 없다, 연금으로 자식들을 돌보느라 지출이 많았다, K 시의 임대아파트에 입주할 예정이다, 그녀를 좋아하며 잘 살아 보겠다, 그녀가 싫어하면 헤어져야 한다.

그 후로도 내 막냇동생과 같은 나이의 그녀 오빠는, 늘 거만한 표정과 화가 난듯한 행동으로 나를 대했다. 그럴 때마다 내 마음은 움츠러들 수밖에 없었다. '이대로 그녀와 헤어질까?' '언제까지 오빠의 말을 들어야 하나?' '그냥 포기할까?' 그러나 나는 생각과 달리 그녀에 대해서만큼은 소심한 사람처럼 전전긍긍했다.

그녀 어머니와 오빠의 반대를 무릅쓰고 우리는 꿋꿋하게 사랑을 일구어 나갔다. 집안의 반대에 부딪혀 자주 눈물을 흘리는 그녀가 안타까웠다. 어려운 순간을 겪으면서 우리의 사랑은 퐁네프의 연인들처럼 익어갔다.

K 시의 새집으로 갈 날이 얼마 남지 않았을 때였다. 그녀의 가족들이 집에서 보자고 하였다. 그녀의 집 거실로 들어섰다. 첫눈에 들어온 장면은 고개를 숙이고 어깨를 들썩이며 그녀가 울고 있는 모습이었다. 참담한 심정으로 자리에 앉았다. 그녀 오빠는 전에 나와 한 이야기를 계속 들먹이며 화가 난 듯이 거칠게 말을 해댔다. 가족이 있는 자리에서 같은 말을 계속 반복하니까 화가 가슴을 치밀며 올라왔다. 오빠의 마음을 백번 이해하지만 나는 더 이상 참지 못하고

떨리는 음성으로 말하였다.

"그러면 제가 포기하고 돌아가겠습니다."

 불편한 몸으로 엉거주춤 일어섰다. 내 옆에 있던 그녀의 언니가 나를 다시 앉혔다. 그녀의 부모님은 아무 말씀이 없으셨다. 잠시의 시간이 지나 어머님이 한 말씀 하셨다.

"저 애가 저리도 원하니 잘 살아 보시게."

어머니의 말씀에 모두가 거짓말같이 조용해졌다.
K 시로 오던 날. 그녀는 짐을 가지고 혼자 기다리고 있었다.

"엄마 아빠가 다른 곳에 잠시 나가 계셔요. 가려면 혼자 가라고 하시네요."

 그녀 부모님의 착잡한 마음이 느껴졌다. 안타까운 마음으로 그녀의 손을 잡아 주었다. K 시로 오는 내내 마음이 심란하였다. 사랑은 아픔으로 다가오나 보다. 나는 곰곰이 생각해 보았다. 우리는 2년여의 세월을 거치면서 사랑이라는 이름으로 함께 아파하고 있었다.

그녀가 K 시로 이사 온 지 2년 반의 시간이 흘렀다. 그녀의 집에서 결혼 허락이 떨어졌다. 푸르른 5월의 열여덟 번째 날이 우리 결혼을 축복해 주었다.

말을 많이 하지 않고 들으려고 하는 것이 마음에 들어 결혼했다, 라고 그녀는 말했다. 그런데 요즈음 내가 쓸데없이 말을 많이 하는 사람이라고 아내는 생각한다. 난 그녀에게만 말을 많이 하고 싶은데……

그래도 난 그녀가 곁에 있어 항상 봄이다.

노래! 날개를 달다

"노래!"

생소했다. 너무 잘 알고 있지만 의식적으로 내게서 밀어낸 단어였다. 여러 가지 감정을 불러일으키는 노래를 외면하고 살았으며 섬세한 감성도 느끼지 못하였다.

2016년 12월 5일 '국제장애인문화교류협회' 중앙회에서 제8회 전국장애인합창대회가 대구문화예술회관에서 있었다. 전국 16개 팀이 참석하는 합창대회였다. 나는 마음소리 합창단 충북 대표로 참석하게 되었다. 가을을 노래하는 '추심'을 가지고 한 달 보름간 연습한 결과가 나오는 날이었다. 내게는 또 다른 감회가 있었다.

지난 오월에 장애인합창단이 있다는 것을 알았다. 노래를 부르는 것이 두려워 평생 피했던 생각이, NGO에서 생활양식을 바꿀 수도 있다는 강의를 들으며 도전해 보게 하였다. 합창단에 찾아가 노래를 하고 싶다고 말하였다. 음악의 '음'자도 모르는 초보이며 음치라고도 덧붙였다. 배우고 싶어서 왔으니 내치지 말고 회원으로 받아 달라고 이야기하였다. 단장이 올해 전국대회가 십이월에 있어 준비 중이라고 말하였다. 대회에 참가할 단원이 부족하였다며 환영하였다. 내 노래를 들어보신 청주시립합창단원이신 지휘자님은 나를 베이스파트에 적합하다고 이야기하셨고 그 자리에 서게 하셨다.

일주일에 한 번씩 네댓 개 곡을 가지고 연습하였다. 못하는 노래를 부르는 게 정말 힘들었다. 실력은 늘지 않고 시월이 지나가고 있었다. 노래를 잘 불러 분위기를 주도하는 합창단의 중요 회원 몇 분이 무슨 이유인지 모르지만 합창단을 그만두었다. 노래 못하는 사람들이 있어 탈퇴했다는 소문이 떠돌았다. 대회를 포기하자는 말들이 많았지만 단장은 조직을 재정비하고 나보고 합창단 총무를 맡으라고 하였다. 인생 멘토를 만나 모든 일에 긍정적이고 적극적으로 나를 변화시키고 있던 최고의 시기여서 바로 수락하였다.

단장이 새 지휘자를 모셔왔다. 대회 때까지만 지휘하는 조건을 달고서 섭외하였단다. 어릴 때 읽었던 '헬렌 캘러'가 생각났다. 자서전에서 '보지 못하고 듣지 못하였으나 비장애인도 하기 어려운 과정을 수없이 이루어내며 낙관주의자로 인생을 즐겼다.'라고 하였다. 설리번 선생을 만나 세상과 연결되는 한줄기 끈을 붙잡게 되었다고 하였다. 선생님의 헌신적인 노력으로 점자책을 읽고 독서에 빠지게 되는 과정, 말하기를 배워 자신의 목소리로 말하게 되었을 때의 기쁨이 자세하게 기록되어 있었다. '헬렌 켈러'에게 설리번 선생이 있었다면 내 음악에는 지휘자님이 있었다.

지휘자님이 지도하는 '레이디 싱어스'와 '노인OO대학' 그리고 '아이티코러스'와 장애인 '마음소리합창단'으로 이루어진 30여 명의 합창단이 만들어졌다. 일주일에 삼일씩 연습하였다. 지휘자님은 쉽게 하는 발성 연습과 자세, 행동, 자신감과 자존감이 있는 마음가짐을 가지게 해주었다. 장애인도 비장애인과 동등하게 대해주셨으며 대단한 재능이 있다는 칭찬과 격려를 자주 해주셨다. 하루하루 다르게 변하는 내 모습에 나도 놀랐다.

그날이 왔다. 청주에서 버스를 타고 대구에 한 시쯤 도착하였다. 많은 팀이 모여 곳곳에서 열심히 연습하고 있었다. 대회가 시작되고 우리는 차례를 기다렸다.

사탕 입에 넣고 계시라고 해 주세요, 라는 지휘자님의 문자를 받고서 운명의 시간이 가까이 다가오고 있음을 내 몸의 긴장으로 알았다. 주위에 있는 사람들에게 이야기하고 나도 사탕 하나를 입에 넣고 긴장을 풀려고 노력하였다. 삼십여 년간 노래와 담을 쌓아 놓고 살던 내가 합창을 부른다고 생각하니 꼭 남의 일같이 느껴졌다. 드디어 많은 관객을 앞에 두고 무대에 올라갔다. 내 눈에 관객은 전혀 보이지 않았다. 무대 정중앙 제일 뒤에 자리를 잡고 발을 어깨너비로 벌리고 엄지발가락에 힘을 주고 섰다. 팔은 곧게 떨어트리고 허리는 꼿꼿이 펴고 눈은 조금 높은 곳에 두고 당당하게 서 있었다. 얼굴을 성악가들이 하듯이 도도하게 하려고 하는데 잘 펴지지 않아 긴장된 분위기로 굳어 있었다.

그녀가 입장해 관객에게 인사하였다. 지휘봉을 들고 손을 올렸을 때 내 눈은 그 손을 놓치지 않으려고 열심히 따라다녔다. 순간 박자를 놓치기도 하고 가사를 잠깐 잊어버리기도 하였다. 숨이 차서 입만 크게 벌리고 있는 순간도 있었다. 3분 30여 초간의 짧은 순간이었지만 내게는 한 달 반 동안의 노력을, 아니 삼십여 년간 노래에 대한 한을 한꺼번에 토해내는 순간이기도 하였다. 나의 첫 공식 무대는 이렇게 끝이 났다. 후련하고 아쉬웠다. '마음소리합창단'이 화합상을 받았다. 버스에 오르니 그동안의 피로가 한꺼번에 몰려와 비몽사몽간에 청주로 돌아왔.

이제 시작의 첫 단추를 잘 끼웠으니 앞으로 노래를 잘 부를 수 있을 것 같았다. 잘 부를 수 있다는 것은 '노래를 잘은 못하지만, 어디에서나 자신 있게 부를 수 있다.'라는 생각을 하였다.

▶▶▶▶
제2부

변화, 습관의 힘

캘커타 코코넛

 서울 연신내역 근방에서 살던 때였다. 장애인의 삶은 단순하였다. 몇 시가 되었든 일어나는 때가 기상 시간이고 아침을 먹으면 그때부터 하루가 시작되었다. 사십 대 중반, 한창 일할 나이지만 나를 반기는 곳은 아무 곳도 없었다. 무료한 시간을 보내는 곳은 인터넷을 통해 여기저기를 기웃거리는 일이 전부였다.

 당시 유명한 인터넷포털사이트 다음(daum)에 들어가 카페 이곳저곳을 둘러보았다. 그러다 해외여행을 준비하는 곳을 알게 되었다. 장애인에게 저렴한 비용으로 해외여행을 시켜준다는 말에 솔깃했다.

 '캘커타(콜카타) 코코넛!'

 이천이년 팔월에 만들어 운영하고 있었다. 내가 방문한 것은 그해 겨울이었다. 그곳은 장애인에게 해외여행의 꿈을 파는 아름다운 곳이었다. 배낭 메고, 비장애인과 어울려 세계 어디든 갈 수 있다는 희망을 심어 주었다. 중국, 라오스, 방콕 여행을 한 내용이 올라왔다.

'휠체어를 탄 일본인과 같이 여행하였는데, 혼자서 정보 책자 하나 없이, 숙소와 먹거리를 직접 찾아서 해결하며 여행한다.'라는 글을 읽고 '나도 한번 해볼 수 있지 않을까?'라는 생각을 하였다.

⟨테레사 수녀⟩
'허리를 굽혀 섬기는 자는 위로 보지 않는다.'라며 자신의 몸을 가장 낮은 데로 낮춘 여인 테레사 수녀. 일천구백사십육 년 '다르질링'으로 피정을 하러 가던 기차 안에서 고통 받는 인도의 가난한 사람을 돌보라는 신의 목소리를 들었다고 한다. 교구 밖에서 일하고 싶다는 청원을 하였고, 이 년여 만에 허락받았다. 자기 뜻을 알리기 위해 수녀복을 벗고 흰색 사리를 입었다. 그 옷은 인도 여인 중 가장 가난하고 미천한 여인들이 입는 옷이었다. 구십칠 년에 임종할 때까지, 어려운 사람을 위해 사랑으로 봉사하였다.

카페지기도 한때 인도 캘커타에서 봉사하였다고 했다. 테레사 수녀의 마음을 배우고 온 것 같았다. 그의 애칭은

'캘커타 코코넛'이었다. 대학에서 미술을 전공하였고, 마른 체구에 얼굴은 조금 길쭉하였으며, 산에 갈 때 쓰는 벙거지를 쓰고 있었다. 대부분 미소 짓는 모습이었고, 조용하지만 움직임이 빠른 사람이었다. 성긴 콧수염과 턱수염을 기르고 있었고, 키는 172cm로 나와 비슷하며, 책을 가지고 다니며 수시로 읽었다. 항상 메고 다니는 배낭에서 놀랄만한 물건들이 때때로 나왔지만 유행하는 휴대폰은 없었다. 말이 별로 없고 채식 위주로 식사를 하였으며 음식은 직접 조리하여 먹었다. 봉사하는 마음이 가슴 깊은 곳에서 우러나왔고, 배려심이 깊은 사람이었다. 나이는 어리지만 생각하고 행동하는 마음 깊이는 다른 사람들이 따라올 수 없었다.

온라인 카페를 운영하다 회원들과의 소통과 장애인을 위한 일자리를 만들어 주려고, 우리 집에서 가까운 곳에 '인도 커리 & 책'이란 이름으로 조그만 오프라인 카페를 만들었다. 장애인도 혼자서 모든 일을 할 수 있다는 자신감을 심어 주기 위해 장애인 두 명을 채용하여 운영하였다. 수익금은 장애인 여행기금과 카페운영비로 사용하고, 여행에 필요한 모든 정보는 그가 준비하였다. 카페의 모임이나 여행을 갈 팀이 만들어지면 만나 이야기하는 곳도 그곳이었다.

대학 '내일신문'에 이런 기사가 실렸다.

'우리에겐 마더 테레사의 도시로 잘 알려진 도시 콜카타. 이 도시와 똑같은 이름을 가진 헌책방이 홍대 입구 근처에 있다. 골목길에 오롯이 자리한 작고 아담한 휴식처 같은 이곳은, 헌책방이라기보다는 헌책이 있는 카페라고 부르는 것이 더 알맞다. 평소 환경운동에 관심이 많고, 장애인과 함께하는 녹색 여행 일을 기획해오던 윤화용 씨가 기금마련을 위해 캘커타를 열게 되었다. 가게의 벽 한쪽을 차지하고 있는 책장의 3분의 1 가량이 녹색평론사의 책이고, 음식을 남기지 않는 것을 원칙으로 음식을 깨끗하게 다 먹으면 500원의 할인 혜택을 줄 정도로 환경문제에 남다른 관심이 있는 사람이다. 스콧 니어링과 헬렌 니어링 부부의 책 '조화로운 삶'이라는 대표작이 말해 주듯, 자유롭고 조화로운 삶이 무엇인가를 이야기하는 모습과 많이 닮아있다. 장애인과 비장애인의 구분 없이, 이것도 그저 다양한 삶의 모습으로 받아들이는 것이 가장 좋은 것 같다고 이야기하며, 약간의 포기와 한 걸음의 늦춤으로 얻을 수 있는 자유로움은 생각보다 클 것이다.'

나는 온라인 카페 운영자로 활동하면서 오프라인 카페도

관리하였다. 그는 11시쯤 출근해 점심 음식을 준비하였다. 이십 대 초반 여자 장애인 두 명이 있었는데, 한 사람은 행동이 굼뜨고 말하는 뜻을 바로 알아차리지 못하였다. 나는 그녀를 자주 혼냈다.

"그~그것도 제대로 못 하냐. 빨리빨리 다녀."

나도 남에게 말을 잘 못하는 언어장애인이고 오른쪽을 못 쓰는 사람이었다. 장애인을 제대로 이해하지 못하였고, 사람마다 장애 정도가 다르다는 것도 몰랐었다. 그러던 어느 날, 화를 낸 적이 없는 코코(애칭)가 정색하고 나에게 이런 말을 하였다.

"대칸(나의 애칭) 님! 어린 애들에게 그렇게 대하면 안 됩니다. 장애인이 장애인을 이해 못 하면 누가 합니까? 애들을 인격적으로 대하지 않을 거면 출근하지 마세요!"

가슴속으로 날카로운 칼이 들어오는 것 같았다. 코코는 한마디 더 했다.

"우리 카페는 장애인에게 무엇이든 할 수 있다는 용기를 주기 위해 있습니다."

나는 아차 하는 마음이 들었다.

"코코 님. 미안합니다. 내가 생각이 짧았어요. 다시는 이런 일이 없도록 할게요. 미안합니다."

그는 나를 용서해 주었고 '캘커타 코코넛'을 6년 동안 함께 운영하였다. 간혹 그 당시의 일이 생각나면 나도 모르게 귓불이 붉어지곤 한다.

국내 여행 담당자로 여행안내를 도왔으며, 해외여행 담당자가 되고 싶어 방송대 관광학과에 들어갔다. 이 모든 것은 그를 만나면서 만들어진 것이었다. 지금 생각하면 그는 큰 사람이었다. 테레사 수녀처럼 살았고, 그중에서도 장애인에게 도움을 주는 사람으로 살았다. 각자의 다양성을 인정하며 상대를 있는 그대로 받아들이는 그가 생각났다.

나는 아직도 그의 마음을 잘 알지 못한다. '조화로운 삶'의 책을 읽어 봐야겠다. 그러나 나는 알고 있다, 아름다운 사람을 만났고, 가끔 그 사람과 연락이 되고 있다는 것은 행운이라는 것을. 지금까지 매달 만 원이 기부금을 내고 있다. 적은 금액이지만 코코가 하는 일에 조그마한 보탬이 되었으면 좋겠다. 깊이 생각하고 그것에 대한 사유를 넓혀 그에 따른 행동을 하는 사람이 되려고 노력한다.

나의 멘토

경험과 지식을 바탕으로 다른 사람을 지도하고 조언해 주는 사람이 멘토이다. 나에게 그런 멘토가 되실 분이 나타났다.

2016년 3월 청주NGO도서관에서 문학테라피스트 K 강사가 진행하는 '너와 나의 행복 만들기' 모임을 알고 막연한 기대를 가지고 참석하였다. 그런데 참석해보니 내가 올 자리가 아닌 것처럼 보였다. 독서를 좋아하고 말을 잘하는 사람들이 모여 있는 것 같았다. 자기소개를 하는데, 사회에서 나름 위치에 있는 사람들의 이야기에 주눅들었다. 나는 내세울 만한 게 없었다. 소개를 제대로 못하고 얼굴만 홍당무가 되었다.

강사가 작성해 온 유인물을 돌아가면서 읽혔다. 나는 유인물을 떠듬떠듬 읽었다. 발음이 잘 안 되는 부분이 많았다. 큰소리로 책을 읽어본 적이 없는 나의 발음은 어색하였다. 그래도 내 차례가 되면 열심히 읽었다. 강의 도중 많은 책들에 대한 이야기가 나오고 한 번도 들어보지 못한 책들도 있었다. 장애인이 된 후에는 머리가 아프고 기억력이 떨어져 책을 가까이 두지 않았다.

불편한 가운데 1주일이 지나고 한 달이 지나고 두 달이 지나면서 내 마음에 조금씩 변화가 있어났다. 강사의 따뜻한 배려로 모임에 가고 싶어졌고 강의에서 나온 책을 읽어보려고 노력하였다. 이번 모임은 제4기였는데 사 개월여간 진행되었고 수료 후 내 마음에 동요가 일어났다.

말하는 내 모습이 중요한 것이 아니라 나를 반성하는 마음이 생겼다. 타인이 바라는 '나'가 아니라 나를 들여다보는 눈이 생겼다. 가능한 남을 판단하거나 평가하려고 하지 않았다. 자신을 솔직하게 바라보고 받아들이는 마음이 조금씩 생겼다. 마음에 드는 책을 읽고 사색을 하였다. 오늘은 어제보다 더 나은 삶을 살아보고자 조그마한 것부터 실천하였다. 그 후 10기까지 강의를 들었다.

    2016년에 실천한 일들.
    - 장애인복지관에서 1년간 '너와 나의 행복 만들기' 모임을 진행하였다.
    - 음치인 나는 노래를 열심히 연습하여 2017년 전국장애인합창대회에 참석하였다.

- 장애인 복지관에서 '인성·스피치 리더십'을 1년간 공부하였다.
- 시립도서관에서 강사님이 진행하는 '수필' 강의를 듣고 있다.
- 사회복지사와 독서심리치료사 공부를 하고 있다.
- 좋은 책을 많이 읽고 있다. 미움 받을 용기, 오뒷세이아, 아이네이스, 불타 석가모니, 신곡, 닉부이치치의 허그, 차라투스트라는 이렇게 말했다. 아우구스티누스의 고백록 등을 읽었다.

 강사님을 만난 게 나에게는 크나큰 행운이었다. 그분은 인생을 긍정적인 마음으로 행복하게 살아가는 길을 보여주셨다. 나에게는 '긍정적인 포기'를 하라고 하셨다. 못 쓰는 오른쪽을 포기하고 쓸 수 있는 왼쪽 몸을 쓰라고 하셨다. 인생을 살면서 하루하루 다르게 바라보는 눈을 주셨다. 지칠 때마다 나를 다독거리고 치켜세워 다시 힘을 내게 하셨다. 배려가 남다르셨고 공감능력이 탁월하신 분이셨다. 잘못된 길을 올바르게 가는 길로 알려주셨다. 아들러의 '미움 받을 용기'를 공부하고 나 자신을 사랑하는 방법을 알게 되었다. 니체의 강의를 들으면서 초인처럼 살자고 다짐했다. 낙타가 아닌 자기의 삶을 책임지고 당당히 살아가는 사

자처럼 되고 싶었다.

  그분을 만나지 않았다면 무엇이 되었을까? 의미 없이, 별 볼일 없는 삶을 살아가는 마지막 인간(메뚜기)이었을 것이다. 자기의 무거운 짐을 짊어지고 묵묵히 걸어가는 낙타가 보통사람이라면 나는 더 편안한 생활을 즐기며 유유자적하는 사람이었다.

  '해맑은 영혼'은 나의 닉네임이다. '해맑다'는 '사람의 모습이나 자연의 대상 따위에 잡스러운 것이 섞이지 않아 티 없이 깨끗한 것'을 말하고 '영혼'은 '육체에 깃들어 마음의 작용을 맡고 생명을 부여한다고 여겨지는 비물질적 실체'를 말한다. 나는 해맑은 영혼이 되는 것이 목표가 아니라 그런 마음으로 살고 싶고 그것을 사랑하고 싶은 사람이다. 생각을 정리하고 삶의 방향을 티 없이 맑은 방향으로 매일매일 수정하는 사람이 되고 싶다. 지난 과거는 생각하지 말고 미래는 아직 오지 않은 것, '지금, 여기' 현재에만 존재하고 싶다.

  4기 강의를 마치고 장애인이 된 후 처음으로 사람들 앞에서 '현재 나의 삶을 이렇게 변화시키고 있다.'라는 느낌과 실천하는 행동을 발표하였다. 필요한 좋은 책을 읽고 사색을 즐기며 나를 뒤돌아보고 어제보다 더 나은 삶을 살아보자는 내용이었다.

강사님이 청주대 한국문화원에서 대학생들을 대상으로 '받아들임-그 성스러운 에너지' 강연을 하셨다. 그 강의에 게스트로 십 분간 이야기해 주기를 바라셨다. 준비되지 않았던 나는 교수님의 강의를 망치고 말았다. 조금 이야기 하다가 2016년 11월 26일 첫 번째 발표는 긴장되어 머릿속이 하얗게 변하고 말았다. 아무 말도 못하고 있는 나를 대신해 강사님이 소개해 주셨다.

2017년 12월 20일 충북대병원 도서관 개관식에 '사랑! 그 영원함에 대하여'라는 주제로 강연하셨는데 나를 초대하셨다. 병원 내 환자 및 보호자를 대상으로 써온 글을 읽어 나갔다. 십여 분의 시간이 그리 오랜 시간인 줄 몰랐다. 많은 사람들이 박수를 쳐 주었다.

2018년 10월 20일 '배려'라는 주제로 청주고등학교 재학생 대상으로 강연하셨는데, 그곳에서도 내 생활의 변화에 대한 이야기를 말하였다. '내가 변해야 타인이 변한다. 내 인생의 주인공은 나다. 잃어버린 반쪽을 생각하지 않고 남아 있는 반쪽을 주로 사용한다.'라는 주제였다. 약간의 긴장은 있었지만 발표하고 자리에 돌아오니 한순간 긴장감이 사라졌다. 가능하면 외워서 발표하란 말씀이 있었지만 아직도 원고가 없으면 이야기를 못하였다.

2019년 2월 25일 세종시 ㅁ중학교 대강당에서 세종시 교육청 행정직원을 대상으로 '갈등해결을 위한 소통방법'을 강연 하셨다. 나는 압도적으로 많은 청중의 기에 눌려있었다. 드디어 교수님이 나를 소개해 주기 시작하셨다. 긴장하지 않은 척 하려고 눈길을 좌우를 둘러보며 사람들을 쳐다보았다. 1층 강단에서부터 2층 높이의 끝 부분까지 또렷이 쳐다보며 소개하는 시간을 즐겼다. 작성한 원고를 가지고 강단 앞에 섰다. 천천히 또렷하게 읽어 내려갔다. 뇌경색이 온 이유, 교수님을 만난 후 바뀐 라이프스타일, 사무엘 울만의 '청춘'에서 '머리를 높이 치켜들고 희망의 물결을 붙잡는 한 80세라도 인간은 청춘으로 남는다.'라는 부분을 읽었다. 열렬한 박수소리가 울려 퍼졌다.

강사님이 편찮아서 교육을 받지 못한 때가 있었다. 새로운 생활방식에 대한 약효가 조금씩 떨어지고 있었다. 오랜 기간을 내 멋대로 살아온 옛날 모습이 자꾸 생각이 났다. 다시 현실을 직시하고 돌아가려 하지만 잘 되지 않았다. 강사님의 강의를 듣거나 토론할 일이 없으니 마음이 허전하였다. 그동안 배우고, 읽고, 생각하고, 실천했던 일들에 대한 기억들이 가물가물 사라지고 있었다. 의미는 없지만 편하게 살 수 있는 생활이 나를 유혹하였다.

아내가 '변한 게 아무것도 없어. 공부하면 뭐해. 다시 원위치 되는데.'라는 말을 가끔 할 때마다 나는 마음을 다잡았다. 그리고 다시 목표에 집중했다. '받아들임' 공부, 학교 공부, 체력훈련, 명상, 에니어그램에 대한 흥미, 대담 연습 그리고 아내의 운전기사 일을 성실이 수행하였다.

어느 날 강사님이 너무 많은 일을 한다고 이야기하셨다. '받아들임'에 대한 한 가지에 집중하라고 하셨다. 내 생각에도 나를 너무 혹사하는 것 같았다. 2019년 나의 계획을 다시 세웠다. 오전은 탁구 교실에 참가하여 체력을 길렀다. 목요일은 강사님의 수필 강의를 들었다. 나의 경험과 앞으로의 내 생활을 바탕으로 글을 쓰고 싶기 때문이었다. 오후에는 도서관에서 심리학 공부를 하였다. 수요일은 독서 모임에 참석하여 책을 읽었다. 낮에 하는 일은 계획대로 잘 되고 있었으나, 저녁 글쓰기 하는 시간은 실천이 잘 안 되었다.

마음을 다잡지 못하여 강사님과 관계의 끈을 다시 이어가고 싶었다. 그래서 2018년 12월에 '간다' 모임을 만들었다. 이 모임은 강사님과 내가 일주일에 한 번씩 만나 점심을 먹고 무심천을 걸으며 대화를 해 보자는 것이었다. 그분의 사정과 나의 일이 겹쳐 못 만날 때가 많았다. 다가오는 달부터는 수요일 밖에 시간이 안 나니 참으로 안타까웠다.

그런 나를 다시 힘차게 뛰게 만드신 분이 강사님이시다. 지금 내가 살아 있다는 것에 감사하고, 이날을 즐겁고 행복한 놀이(일)를 하면서 조그만 성취감을 이루며 살고 싶다. 강사님의 시 「첫날」 중 '오늘은 나의 남은 날들의 첫날'인

것처럼 꿈을 가슴에 안고 매일매일 즐거운 삶을 살고 싶다. '오늘이 나의 남은 날들의 마지막 날'이 되면, 한 시인처럼 소풍 온 아이처럼 즐겁게 놀고 간다고 말하고 싶다. 긍정적이고 의미 있는 삶을 살아가도록 나는 오늘도 '해맑은 영혼'을 향해 달리고 있다.

은인

듣지 못하고
말하지 못하고
볼 수도 없는
3중 장애를 가진
헬렌 켈러를
어둠에서 구해낸 이는
절망을 희망으로 바꾼
앤 설리번 선생이시다

닉 부이치치는
양쪽 팔과 다리가 없는
해표지증(바다표범손발증) 아이로 태어났다
학교에서 따돌림을 받고
심한 우울증으로 8살부터 3차례 자살을 시도하였다

그의 어머니는 늘 중증장애인이
장애를 극복하는 기사를 보여주며
닉 부이치치를 동기부여 강사로
그리고 목회자로 성장시켰다

내가 뇌졸중으로 쓰러진 지
20여 년이 지난 2016년 3월
나에게도 큰 빛을 주신 분이 나타나셨다
그분은 늘 내 몸의 쓸 수 있는 쪽을
쓸 것을 당부하고 또 당부하셨다.
20년의 우울과 방황을 끝내고
내 안의 사랑을 끌어내는
글을 쓸 수 있다는
꿈을 갖게 해준 이는
문학을 통해 마음을 치유하는
문학테라피스트

그의 이름은 권 희 돈
내 인생의 멘토이시다

긍정적 포기

 용평교 봉창이 해물칼국수 뒤편에 있는 갈비집에서 멘토님과 점심을 먹고 무심천을 걷기로 하였다. 내가 쓴 글에 대해 퇴고를 해 주시겠다며 가져오라고 말씀하셨다. 이런 저런 이야기를 하다가 '긍정적 포기'란 이야기가 나왔다. 나에 대해 지은 시를 보여 주셨다.

> 호주에는 닉 부이치치가 있고
> 한국에는 나의 친구 유 부이치치가 있습니다
> 그는 청주 무심천 뚝방 옆에 삽니다
> 뇌졸중으로 쓰러져 20년 실의에 빠졌다가
> 우연한 기회에 선객(仙客)을 만나
> 남은 자원이 희망의 끈임을 깨우칩니다.
> .
> .

신(神)의 영역에 속한 것
이미 결정되어버린 것
잃어버린 반쪽으로
할 수 없는 일을 포기하고.

.

.

남은 반쪽으로 할 수 있는 일에
몸과 마음을 온전히 사용하였습니다.

.

.

그의 이름은 유 . 해 . 원

(권희돈 시, 〈긍정적 포기〉 부분)

내가 멘토님을 만나서 한 일들이 생각났다. 내가 변하기로 마음먹으니까 모든 것이 변하고 있었다. 쓸 수 있는 몸의 반쪽을 써야겠다고 생각하니 자존감이 상승했다. 자존감이 상승하니 용기가 생겼다. 용기가 생기니 무엇이든 할 수 있다는 자신감이 생겼다. 그 후 내 라이프스타일이 많이 변하였다.

- 새벽운동을 시작하였다.
- 장애인 합창단에 들어가 전국대회에 참석하였다.

- 장애인복지관에서 '너와 나의 행복 만들기' 치유커뮤니티 리더로 일했다.
- 상담심리학과에 편입해 공부했다.
- 문학테라피스트 권희돈 교수님 강연 중에 '10분 발표' 기회를 주어 여러 번 나를 말하였다.
- 문학치유에 대한 강의를 수년째 들었다.
- 글쓰기(수필) 공부를 계속하고 있다.
- 수필가로 등단하였다.
- 국가문화예술지원시스템 충북문화재단에서 2021년 문화예술육성사업 '수필' 부문에 선정되어 수필집을 만들기 위해 수필을 쓰고 있다.

20년간 뇌병변장애인으로 대부분 장애인들과 살아오면서 이곳저곳 기웃거리며 생활하였다. 그러다가 나의 멘토님과 수년을 같이 동행하며 내가 바뀐 부분을 발표했던 내용들이었다. '그땐 그랬었지.' 지금은 안 하는 일들도 있다고 말했다.

"지금은 또 다른 걸 하잖아요. 삼 년 전에 했던 내용과는 조금 다르지만 뭔가를 하긴 하죠?"
"예."
"그러면 된 거죠. 그리고 유해원 박사(교수님이 나를 부르는 애칭)는 많은 내용을 다 하려고 하는데 그렇게 안 하는 게 좋을 것 같아요. 단순한 게 좋겠어요."

"저는 이해가 잘 안 되네요. '단순함'이란 무슨 뜻인가요? 교수님."

"여러 가지 일을 하지 말라는 겁니다. 오전에 건강을 위해 탁구와 무심천 산책하고, 학교공부(사회복지사와 독서심리상담사)만 하라는 겁니다. 물론 수필공부도 해야 되겠지요. 그것이 마중물이 되어 더 큰 일들을 하게 될 거예요."

"아~그렇군요!"

"또 한 가지는 아픔에서 벗어나 새롭게 하기 시작한 일을 조목조목 써 보세요. 그것을 글로 쓰고, 그 글들이 모여 책을 만들 자료가 되지요."

"예~. 그런데 저는 국어 문법을 잘 몰라요. 문법책을 사서 공부하면 어떻습니까?"

"문법은 제가 알려주면 되니까 단순화와 조목조목 쓰기를 먼저 해봐요."

그 말뜻을 조금 알겠다. 전에도 여러 번 말씀을 하셨지만 나는 무슨 뜻인지 잘 모르고 있었다. 멘토의 말씀을 녹음했다. 그것을 여기에 글로 써본다.

"내가 어떤 일을 할 수 있는 일인가, 할 수 없는 일인가를 먼저 분별하는 일이 중요합니다(자기수용). 할 수 없는 일은 과감하게 포기하는 것, 이것이 '긍정적 포기'예요. 할 수 있는 것은 내 몸과 마음을 다 바쳐서 열정적으로 하는 거예요. 그게 바로 유 박사의 가장 큰 변화인데, 그런 변화가 있어야 내 삶이 새로운 삶으로 변하게 되는 거예요. 내가 가지고 있는 것에 대해서 소중하게 생각하는 마음, 그게 가장 아름다운 마음이고 그것이 나를 새로운 사람으로 만드는 첫 출발점이죠."

나는 행운아다. 내가 탁구와 걷기를 할 수 있게 하는 왼쪽 팔과 다리, 책을 읽을 수 있고 사물을 관찰하는 눈, 잘 들리는 귀, 아직 해맑은 영혼을 꿈꾸는 마음이 있다. 나는 해맑은 영혼이 되고자 노력한다. 성 아우구스티누스의 '고백록'처럼 그런 진실한 삶을 살고 싶다.

멘토님과 식사하고, 커피마시며 오랜 시간을 이야기하였다. 창밖을 보니 흰 눈이 펑펑 내리기 시작하였다. 그분은 무심천 산책을 포기하고 집으로 가시고, 나는 아내를 데리러 복지관으로 출발하였다.

애환(哀歡)

아들이 해병대에 자원입대했다.
나에게 면회하는 것을 허락하지 않았다.

아들과 딸이 나와 카톡 대화방을 시작했다.
아들은 그때도 무응답이었다.
나와 딸만의 대화였다.

어느 날 아들이 대화방에 나타났다.

"여기 뭐 선비방임?"
"조선 만학도들의 만남인가?"
"아들이 드디어 이 채팅방에 왔구나. 환영한다~^^"

그때부터 세 사람의 대화가 시작되었다.

얼마 후 나는 가슴속 깊이 담아두었던 말을 꺼냈다.

"아빠가 몸이 아파서 미안하다."
"어릴 때 마음 아프게 해서 미안하다."
"보살펴주지 못해서 미안하다."

"아빠 아픈 거 미안해하지 마.
 난 그것으로 인생을 좀 더 일찍 알아갔어."

딸의 응답에 이어, 곧바로 아들의 응답이 왔다.

"무슨 소리. 나라도 그 상황이 되면 아무도
신경을 못 썼을 것임. 다른 사람이 뭐가 중요해.
내가 죽겠는데."

아빠의 역할은 못 했지만,
지금 내 마음은 기쁘다.
나를 이해해주는 딸과
마음을 여는 아들이 있어 힘이 솟는다.

아이들과 허물없이 소통하니 뇌가 기쁘다.
새로운 강물이 흘러온다.

낙타

그녀는 낙타다.
사람으로서의 도리를 다하면서 산다.
도덕이나 관습이 제일인 것처럼 신봉한다.
자신보다 타인에게 맞추어가며 산다.
가족은 물론 조카들 생일까지 챙긴다.

"내 인생이 왜 이리 되었을까?"
간혹 그녀 자신에게 회의심도 가져 보지만
곧 자기자신으로 돌아온다
오뚜기처럼

그녀는 2급 중증장애인이다.
나는 1급 중증장애인이다.
3급 장애인이 된 그녀의 아버지가 오시면서

우리 집은 중증장애인 가족이 되었다.

그녀는 아버지를 꼼꼼하게 보살핀다.
힘이 들면 짜증은 나에게 낸다.
그때마다 나는 무심하게 대꾸한다.
"힘들면 하지 마. 힘들어하면서 왜하니?"
그녀의 대답에는 사랑이 담겨 있다.

"나도 힘들지만 아빠잖아."

그녀는 나의 반쪽
내 아내다.

변화, 습관의 힘

새벽 4시 55분. 새로운 날을 시작하라고 알람이 울렸다. 그 소리에 바로 일어나 이불을 정리하고 운동갈 준비를 하였다. 변화할 수 있는 나와 변하지 못하는 나를 구분하고 지금-여기를 사는 하루가 시작되었다.

춥다는 기상정보를 보고 몸을 따뜻하게 하고 밖으로 나섰다. 생각보다 추워서 옷깃을 더 여몄다. 바람이 조금 불고 오른쪽 팔다리가 뻣뻣하였다. 추우면 다친 몸이 굳어진다. 변하기 전의 내 모습이 생각난다.

예전에는 새벽 한 시나 두시까지 텔레비전이나 영화를 보았다. 온종일 빈둥빈둥 놀기만 할 때도 많았다. 맛있는 음식 먹으러 지방으로 여행을 다니기도 하였다. 노인들과 장애인들이 주로 하는 파크골프 운동을 시작했다. 잘 쓰는 왼쪽 팔만 사용하는 외팔이 선수로 등록하여 운동을 시작하였다. 청주시 장애인파크골프협회 사무국장을 맡으면서 전국 각 지역에서 추진하는 파크골프대회를 찾아다녔다. 하루하루를 안일하게 보내는 생활을 해왔다. 그 와중에도 나를 위해서 평생학습관에 등록하여 교육도 여러 번 받았다. 그러나 내 마음은 무엇인가 1% 부족한 생활로 여기저기를 기웃거렸다.

20분간을 걸으니 굳었던 오른쪽 팔다리도 자연스레 풀려 씩씩하게 걸었다. 이어폰으로 나의 변화과정을 내 목소리로 녹음한 내용을 들었다. 나에게 변화를 가져오기 시작한 작년이 생각난다.

말을 급하게 하고, 두서없는 말을 고치기 위해 여러 방법을 찾았다. 2016년 삼월에 NGO 도서관에서 문학 테라피 '너와 나의 행복 만들기' 모임에 참석하였다. 자기소개하는데 나는 내세울 만한 게 없는 사람이었다. 소개도 제대로 못하고 만들어온 유인물을 떠듬떠듬 읽었다. 모임의 시간이 지나며 내 마음에 변화가 생기는 걸 느꼈다. 강사님의 따뜻한 배려로 모임에 가고 싶었고, 강의에서 나온 책을 읽어보려고 노력하였다. 4기 모임이 끝난 후, 말하는 모습이 중요한 것이 아니라 나를 반성하는 마음이 생겼다. 타인을 바라보는 방향이 아니라 나를 들여다보는 눈이 생겼다. 타인을 원망하거나 판단하거나 평가하지 않았다. 자신을 솔직하게 바라보고 받아들이는 순간이 내게도 조금씩 생겼다. 좋은 책을 읽고 사색을 즐기고 나를 뒤돌아보았다. 오늘은 어제보다 더 나은 삶을 살아보고자 실천하였다. 5기, 6기, 7기 강의를 들었다.

60분 걸으니 이마에 땀이 맺혔다. 이렇게 걷는 것은 나의 라이프스타일이 바뀌는 중이기 때문이다.

2017년 삼월부터 나의 말을 잘 못 알아듣는 타인을 위해 스피치공부를 하였다. 장애인복지관에서 타인에게 내가 느낀 점을 말해주려고 '너와 나의 행복 만들기' 모임을 진행하였다. 125일째 새벽 운동을 꾸준히 했다. 나와 타인을 좀 더 알기 위해서 상담심리학과에 편입해서 공부하였다. 감성 표현력을 배우려고 수필 공부를 시작했다. 더불어 로맨스 영화를 자주 보거나 강사님이 추천한 책을 읽었다. 많은 일이 일어나고 있었다.

칭기즈칸의 이야기에 이런 내용이 있다.

> "모든 것은 내 안의 문제다. 내 마음의 모든 쓰레기를 쓸어버리니 나는 칭기즈칸이 되어 있었다."

나의 과거는 바꿀 수 없지만, 미래는 바꿀 수 있다. 내가 변해야 나의 현재가 미래가 바뀐다. 영국 성공회 웨스트민스터 대성당 지하에 성직자를 모신 묘지가 있는데, 그중 한 주교님의 무덤에 이런 문구가 적혀있다.

"내가 젊고 자유로워서 상상력에 한계가 없을 때, 나는 세상을 변화시켜야 되겠다는 꿈을 가졌다. 좀 더 나이가 들고 지혜를 얻었을 때 나는 세상이 변하지 않는다는 것을 알았다."

– 중략 –

"황혼의 나이가 되었을 때 나는 마지막 시도로 나와 가장 가까운 가족을 변화시키겠다고 마음을 정했다. 하지만 아무것도 달라지지 않았다. 이제 죽음을 맞이하기 위해 자리에 누운 나는 문득 깨닫는다. 만약 내가 내 자신을 변화 시켰더라면 그것을 보고 내 가족이 변화되었을 것을, 또한 그것에 용기를 얻어 세상까지도 변화되었을지도……."

다른 사람을 위하여 사는 것보다 먼저 당신 자신을 위해 사는 게 어떨까! 사람이 자신을 변화시키는 것은 어렵다. 그러나 작은 것에서부터 나를 변화시키기는 쉽다. 시간이 지나면 내가 많이 변한 것을 보게 된다. 나는 라이프스타일이 바뀐 지 얼마 안 되지만 그렇기 때문에 행복하다.

권희돈 교수의 '오늘은 그대 남은 날들의 첫날'이라는 시가 생각났다. 오늘이 내 인생의 첫날이라고 생각하자. 첫날의 마음으로 하루하루를 산다면 참으로 행복하지 않을까! '내가 하는 일의 모든 문제는 나 자신에게 있다.'란 좌우명을 만들어 보자. 그러면 순간순간 즐겁고 행복한 삶을 살 수 있다고 생각한다. 모든 것은 내 마음속에 있다.

 오늘도 두 시간 동안 해맑은 영혼을 가슴에 담고 가벼운 발걸음으로 걸어가고 있다.

▶▶▶▶
제3부

해맑은 영혼처럼

길 위의 아카데미

'본래 용평은 용머리 앞에 있는 마을이다. 옛날에 용이 하늘로 올라가서 붙여진 이름으로 설명하기도 하나, 이 마을이 용머리 앞에 있어서 생겨난 이름으로 볼 수도 있다. 용평이 용평(龍坪)이라면 본래는 들 이름이었을 것이다. 들에 마을이 생기자 들 이름으로 마을 이름으로 삼아 그렇게 부른 것으로 볼 수 있다. 이 용평들 가까이에 다리가 생기면서 다리 이름을 들 이름을 따서 붙인 것으로 추정된다.' -향토문화전자대전-

오전 열 시! 용평교(龍坪橋) 중간 지점에서 '길 위의 아카데미' 회원들을 만난다. 한 분의 리더와 회원 둘이다. 홍일점 없이 청일점만의 모임이다. 용암동에 사는 리더와 분평동에 사는 회원들이 다리 중간에서 만난다. 기다리면서 아래의 물을 유심히 쳐다보니 팔뚝만 한 여섯 마리의 잉어들이 유유히 놀고 있었다. 리더가 오셨다. 이분은 시인이며 수필가이며 문학평론가이시다. 같이 잉어들을 쳐다보며 이런 말씀을 하셨다.

"잉어들이 봤을 때는 우리가 풍경으로 보일 겁니다."
"거꾸로 보이는 무심천 물속의 그림자는 형상이고, 본질은 그림자를 만든 풍경입니다. 그런데 사람들은 그림자를 바라보고 풍경이라고 말하죠. 도덕을 파괴한 사람이 새로운 창조자입니다. 저 무심천의 억새(새, 물)가 우리를 보면 풍경이라고 생각할 것입니다."

처음 무심천을 걷기로 한 것은 리더와 점심을 먹으며 나온 이야기이다. 도시에서 치열한 삶을 살다가, 일주일에 단 몇 시간만이라도 뇌의 명령에 따르지 않고 오직 풍경(사물)에만 집중하자는 이야기가 나왔다. 가까운 오작교(용평교)에서 만나 무심천을 걷자고 하셨다.

옛날에 목동인 견우와 옥황상제의 손녀인 직녀가 혼인하였다. 그 후, 소를 키우고 베 짜는 일을 소홀히 하여, 그분은 둘을 은하수로 갈라놓았다. 일 년에 한 번 만나는 것을 우리의 이야기에 비유해 용평교를 오작교로 부르기로 하였다.

세 사람이 모여 방서교를 지나 아파트 단지 앞에 있는 여울이 턱진 여울목까지 산책하였다. 갈대와 작은 나무들로 묻혀 있어 사람들이 잘 모르는 장소다. 그곳에서 다른 회원이 준비해온 콜롬비아산 수프레모 원두커피와 베이글 빵을 먹었다. 그는 커피를 따라주고, 빵을 4조각으로 자른 후 한 조각씩 나눠주었다. 리더 드시라고 나머지 한 조각을 더 드렸는데, 그는 빵을 3조각으로 나눠 우리에게 주셨다. 한 손밖에 쓰지 못하는 나는 그 한 손에 커피를 들고 있었다. 리더는 내게 줄 빵을 내 커피잔에 적셔 입으로 넣어 주셨다. 그리고는 한 말씀 하셨다.

"커피를 먼저 마시면 빵이 잘 넘어갈 거예요."

쿵쿵거리는 여울목의 물소리를 들으며 그분의 배려에 고마움을 느끼며 행복하게 먹었다. 간식을 먹고 한 시인의 시를 읽고 그에 대해 오랫동안 토의하였다.

사물을 직면한다는 말은, 여울목에 있으면 그것에 집중하자는 말이다. 여울목에서 들리는 물소리는 어떤가? 물은 낮은 곳으로 흐르고 흘러 바다에 닿는다. 사람은 낮은 곳을 싫어한다. 재미있고 즐겁게 사는 것은 무엇인가? 하고 싶은 일을 하고 사는 것이다. 스테레오와 같은 여울목 물소리를 들으며 토의하고 수다를 떨었다.

여울목을 떠나 장평교 밑을 지나갔다. 여기저기 사람들이 흩어져 자신들만의 이야기로 수런거렸다. 조금 더 걸어 대청댐에서 퍼 올리는 물이 무심천과 맞닿는 다리까지 걸었다. 리더는 그 다리를 퐁네프 다리라 부른다. 무심천의 물길에 대청댐의 맑은 물이 섞여 같이 흐르는 것은 서로의 사랑이 담겨서라고 하였다. 그래서 그 다리를 퐁네프 연인들처럼 두 물의 사랑이 속삭인다고 그 이름을 붙였다. 다리에 걸터앉아 물소리를 들었다.

"물은 얕은 데로 흐르지요. 아무 욕심 없이 다른 물과 섞여 바다로 흘러갑니다. 사람도 인생을 물과 같은 마음으로 살면, 즐겁고 행복하게 살게 되겠지요."

리더의 또 다른 이야기였다. '길 위의 아카데미'를 만들고 그 이름을 지어 주시고 각자가 주인공이 되자고 말씀하셨다. 여울목의 물소리가 웅장한 오케스트라면 퐁네프 다리는 감미롭고, 아름답고, 잔잔한 피아노 치는 소리처럼 들렸다.

"지금 우리는 뇌가 없는 사람들입니다. 뇌의 명령을 따르지 않고 오직 풍경에만 집중합시다. 자연이 주는 소리를 들을 수 있음이 행복합니다."

"우렁이도 만나보고, 속살거리는 여울물 소리도 좀 크게 들리는, 오늘은 첫날이고 새날입니다."

리더의 말씀이었다.

"오늘 만남으로 나는 아침부터 행복해지기 시작하였고, 회원이 준비한 음식은 우리에게 먹이기 위해 수고한 소중한 시간 때문에 아름답다. 많은 회원이 들어와 이 시간 같이 동참할 수 있기에 앞으로 더 행복할 것이다."

리더의 긍정적인 말씀과 따뜻한 마음에 이끌려 지금까지도 함께 동행하고 있다.

문암생태공원 친구들

아침부터 우중충한 하늘을 보니 비가 또 올 모양이다. 장맛비가 여름 내내 오락가락하고 있다. 높은 습도 때문에 조그마한 일에도 짜증이 난다. 아내를 근무지로 데려다주고, 근처에 있는 생태공원 주차장으로 들어갔다. 마침 내가 원하는 자리가 비어 있었다. 이곳은 산책하기에 좋은 출발점이다. 휴식할 수 있는 벤치와 그늘막이 있어 땀을 식히는 장소로도 안성맞춤이다.

흐리던 날이 언제 그랬냐는 듯 파란 하늘이 보인다. 강한 햇볕도 내리쬐었다. 더위를 피하려고 우산을 챙겼다.

얼마쯤 걸었을 때였다. 잠자리들이 춤추며 이리저리 날고 있었다. 몸을 밀착시켜 애정행각을 벌이는 연인 잠자리가 보기 좋았다. 저토록 아름다운 사랑의 행위로 자손을 낳으며 대대로 살아왔을 것이다

조금 더 가다 보니 노란 금계국과 하얀 개망초가 어우러

져 꽃밭 정원을 이루고 있었다. 낮달맞이 분홍색 꽃과 매발톱이 어색한 표정으로 나를 반겨주었다. 연녹색 꽃받침 위로 보라색 꽃이 높다랗게 피어 있는 콜레우스(coleus)가 보였다. 꽃보다는 잎의 화려함이 나를 압도한다. 녹색 바탕에 진분홍색 무늬로 치장한 꽃잎은 낮은 위치에서 꽃을 더욱 돋보이게 하였다. 흰나비 한 마리가, 장마 때문에 꿀을 따지 못한 것을 보상받기라도 하듯 꽃 속을 헤집고 다녔다. 배수로와 산책길 사이에 통나무로 경계를 만들어 놓았다. 작고 가냘픈 이름 모를 노란 식물이 나무의 틈 사이에서 자라는 것이 보였다. 생명의 강인함이 느껴졌다. 물기가 남아 있는 배수로 속에 영글지 않은 은행 한 알이 외로이 떨어져 있다.

산책로 바닥을 녹색으로 칠한 곳에 도착했다. 도로 한복판에 잠자리가 눌려 있는 것이 안타까웠다. 이마를 바닥에 붙이고 있었으며, 배는 왼쪽으로 비틀어져 일그러진 모습이었다. 오른쪽 날개는 하늘로 날아갈 듯이 곧게 펼쳐져 있었고 반대쪽 날개는 찢어져 있었다. 어떤 상황이 벌어져 그 곳에서 죽음을 맞이했을까? 바로 옆 조그만 나뭇잎에 앉은 검은 물잠자리가 날개를 말리며 꾸벅꾸벅 졸고 있는 것이 보인다.

산책로 바닥에는 노래기들이 어딘가로 느릿느릿 움직였다. 밟지 않으려고 조심해서 걸었다. 동시에 두 마리가 나타날 때는, 발의 위치를 어디에 두어야 할지 몰라 몸이 기우뚱거리기도 하였다. 조그만 갑옷바퀴가 빠르게 지나쳐 갔다. 길가에 쉬고 있던 방아깨비는 나의 발걸음에 놀라 수로 속으로 뛰어들었다. 물 위를 허우적거리며 필사적으로 빠져나왔다. 잠시 후 물가 벽에서 가쁜 숨을 몰아쉬며 뛰는 가슴을 진정시키고 있었다.

배수로의 중간마다 물이 고여 있다. 잊혔거나 모르는 생명이 그곳에 살고 있다. 지렁이가 안간힘을 쓰며 앞으로 가려 했으나, 꼬리 부분이 물속에 붙어 있어 한 발자국도 움직이지 못하였다. 몸의 뒷부분이 뭉개져 바닥에서 떨어지질 않는다. 내가 장애인이 되고, 걸음을 다시 걸으려 했을 때, 뜻대로 되지 않았던 기억이 생각나 안쓰러웠다. 이름을 알 수 없는 물방개와 비슷한 것들이 물속에서 장난을 치고 있다. 움직임이 거의 없는 올챙이 한 마리가 보였다. 다른 친구들은 어디 가고 혼자 있을까? 오후가 되면 물이 바짝 마를 텐데……. 습한 곳을 좋아하는 노래기들이 물이 빠진 배수로에서 몸을 동그랗게 말아 쉬고 있다. 또 다른 곳에서는 소금쟁이들이 사뿐사뿐 춤추며 물 위를 미끄러지듯 돌아다녔다. 이런 시절 고향의 농수로에 자유롭게 놀던 붕어, 참게, 미꾸라지, 올챙이, 소금쟁이들이 떠올랐다.

참새들이 '짹짹–' 소리를 내며 이리저리 날아다니는 곳에 도착했다. 재잘대는 소리에 둔감한 밀잠자리 한 마리가 통나무 위에 앉아 있다. 한 치의 틈도 보이지 않고 경계를 서고 있는 것 같았다. 날개를 당당하게 펴고 있는 모습이 믿음직스러웠다. 하늘을 향해 뻗은 벚나무 숲에서는 매미 소리가 끊이지 않고 들려왔다. 어렸을 때, 감나무 밑에서 들었던 참매미의 부드럽고 정겨운 소리가 아니었다.

"매에~~~~~".

말매미가 숲의 공기를 뒤흔들 만큼 큰 소리에 나의 귀청이 먹먹하였다. 주변에 아무것도 없는, 얕은 물 한가운데에서 자그마한 새싹이 자라고 있었다. 그곳에서도 살아갈 수 있다는 생명의 의지를 보여주고 있는 것일까?

> 자세히 보아야 예쁘다
> 오래 보아야 사랑스럽다
> 너도 그렇다   (나태주, 〈풀꽃〉 전문)

마음의 현미경을 가지고 사물들을 들여다보니, 평소에 보이지 않는 것들이 환하게 보인다. 모두가 예쁘고 사랑스럽다. 무엇보다도 조그만 꽃, 곤충, 새 그리고 나무 하나하나가 모여 함께 숲을 이룬다는 사실을 잊고 있었다. 아름다운 자연의 친구들과 즐거운 산책을 한 의미 있는 날이다.

해맑은 영혼처럼

새벽 5시.

희망찬 오늘을 시작하라는 알람이 울렸다. 이불을 정리하고 운동 갈 준비를 한다. '해맑은 영혼'이 되기 위해 하루하루를 바꿔 가는 새벽 운동을 시작한 지 5개월째이다.

인간에게 왜 사느냐고 물었을 때, 의미 있는 목표를 말할 수 없다면 허무주의에 빠진 메뚜기라고 니체는 말했다. 나는 메뚜기와 같은 삶을 살았다. 새벽까지 텔레비전이나 영화를 보았다. 느지막한 아침 겸 점심을 먹고 운동하러 갔다. 장애인들과 어르신들이 주로 하는 파크골프다. 온종일 컴퓨터를 가지고 게임을 할 때도 있었다. 아내와 좋다는 곳을 여행하였고, 맛집을 찾아다녔다. 메뚜기는 대부분의 사람이 원하는 것을 하지만 나는 그런 것도 바라지 않았다. 하루살이같이 눈앞의 즐거움을 추구하는 '마지막 인간'이었다. 가슴이 하고 싶어 하는 생각을 할 여유도 없었다. 그러니 니체의 말대로 새로운 희망도 잉태할 수 없었다. 그 와중에도 평생학습관이나 장애인복지관에서 인문학, 대담, 정보화 교육 등을 받으며 여기저기를 기웃거렸다. 마음에 위안을 삼으려고…….

춥다는 기상정보를 보고 몸을 따뜻하게 하고 밖으로 나선다. 생각보다 추워서 옷깃을 여민다. 바람이 조금 분다. 마비된 오른쪽 팔다리가 굳어진다. 몸에서 땀이 나게 해야 풀어진다는 것을 안다.

장애인이 되기 전의 내 모습이 생각났다. IMF가 터지던 해 삼월 하순, 심장의 승모판막에서 핏덩이가 생겨 왼쪽 뇌의 실핏줄을 막았다. 병원에 간 것은 9시간이 지나서였다. 장애인이 되어 한 달 만에 집으로 돌아왔다. 가족의 이름도 기억하지 못하고 말하는 것도 잊었다. 그러나 걷기 운동을 계속해야 한다는 것 하나는 기억했다.

20분간 걸으니 굳었던 팔다리가 풀렸다. 내 목소리로, 변화된 과정을 녹음한 것을 이어폰으로 듣는다. 나에게 변화를 가져오기 시작한 3년 전의 일이 머릿속으로 스쳐 지나간다.

허기진 마음을 메우려고 여러 곳을 두드리던 중에, 한 소식이 귀에 들어왔다. 봄에 NGO 도서관에서 '너와 나의 행복 만들기' 모임이 있다는 것. 문학 테라피(therapy: 치료)란 생소한 모임에 참석하였다. 첫날 자기소개를 하는 시간이 있었다. 모임에는 열두세 명 정도 있었는데 모두 자기 이야기를 하는데 막힘이 없었다. 내 차례가 되었다.

"장애 때문에 기억력이 떨어지고 말이 잘 안 됩니다. 듣기에 불편하시더라도 이야기를 해보겠습니다."

 라고 말하고 떠듬거리며 급한 마음으로 말을 하였다. 말이 이상하게 꼬인다고 생각하여, 같은 내용을 반복해서 두세 번 말했다. 몇 번의 더듬거림이 있었다. 머릿속이 하얗게 변했다. 얼굴이 화끈거렸다. 어떻게 시간이 지나갔는지 몰랐다. 두 번째 모임에서부터는 한 달이 번개처럼 지나갔다. 내 마음에 변화가 생기는 걸 느끼기 시작하였다. 강사님의 따뜻한 배려로 모임에 가고 싶어졌다. 강의에서 많은 책이 소개되었다. 나는 그 책들을 샀고, 읽어보려고 노력했다. 글자를 읽으면 머리가 심하게 아팠다. 징애인이 되고 난 후의 일이다. 그래도 책을 읽어보려고 노력했다. 사 개월간의 모임이 끝났다.
 강의를 들으며 나를 반성하는 마음이 생겼다. 타인을 바라보며 부러워하는 것이 아니라 나를 들여다보는 눈이 생겼다. 남을 원망하고 판단하고 평가하지 않았다. 자신을 솔직하게 바라보고 받아들이는 순간이 내게 조금씩 생겼다. 좋은 책을 읽고, 사유하였다. 오늘은 어제보다 더 나은 삶을 살아보고자 노력하였다.

변화가 있었다. 내 말을 잘 못 알아듣는 타인을 위해 대담 공부를 하였다. 장애인복지관에서 내가 느낀 점을 말해주려고 '너와 나의 행복 만들기' 모임을 진행하였다. 나와 타인을 알기 위해 상담심리학과에 편입해 공부하였다. 부족한 감성 표현을 배우려고 수필 공부를 하였다. 노래를 배우려고 장애인 합창단에 들어갔다. 로맨스 영화를 자주 보았다. 세상은 내가 몰랐던 일들이 가득 차 있었다. 시간이 부족하단 생각을 처음으로 하였다.

한 시간을 걸으니 이마에 땀이 맺힌다. 새벽을 깨우는 분들이 많았다. 새벽 운동을 하는 분들, 깨끗한 거리를 만들기 위해 청소하는 환경미화원, 예배를 다녀오는 분들이다. 야생동물에게 먹이를 주기 위해 다니는 아주머니, 가게 문을 열고 청소하는 아저씨, 젊은 친구들이 편의점 테이블에서 이야기를 나누는 모습이 보인다.

   오늘은 그대 남은 날들의 첫날

부디 지난날의 회한에 물들지 마오

(권희돈, 〈첫날〉 부분)

  오늘이 내 인생의 첫날이라고 생각하자. 첫날의 마음으로 하루하루를 산다면 참으로 행복하지 않을까? '해맑은 영혼'의 길은 내 생명이 다할 때까지 걸어가고자 하는 길이다. 그 길에는 아내와 다툼도 있을 것이다. 가족 간의 분쟁도 생길 것이다. 사람들과 고립되어 외로움을 감내해야 하는 일도 있을 것이다. 오로지 감당해야 할 몫은 나에게 있다.

  나는 투명유리처럼 마음속과 겉이 같다. 마음이 불편하면 몸도 불편하다. 감정 컨트롤이 안 되어 얼굴에 표시가 난다. 좋은 마음을 갖지 않으면 살 수가 없다. 그래서 나는 '해맑은 영혼'이 되고 싶은 것이다. 오늘도 그 뜻을 가슴에 품고 가벼운 발걸음으로 새벽을 걸어가고 있다.

애기똥풀

매주 목요일은 '길아'에서 무심천을 걷는 날이다. 용평교 밑에서 만나 상류 쪽으로 걷고 싶은 만큼 산책한다. 길에서 만나는 꽃들과 햇빛과 바람을 느끼며 각자의 생각을 음미하며 여유롭게 걷는다. 대청댐에서 흘러온 물이 무심천과 만나는 곳의 다리를 '퐁네프 다리'라고 하고, 돌탑이 많이 쌓여있는 곳의 다리를 '대성당 다리'라고 '길 위의 아카데미' 리더가 이름을 붙였다.

야생화들에 마음이 가고 있다. 그러다 보니 꽃과 식물에 대해 많은 내용을 알고 싶어서 스마트폰에 필요한 앱을 설치하였다. 사진도 찍으며 설명도 읽었다. 곧 잠깐의 시간이 지나면 잊어버리곤 하지만 그 순간은 행복했다.

사월 넷째 주 목요일, '길 위의 아카데미' 회원들을 만나는 날이다. 용평교에서 만나 무심천을 걷기 시작하였다. 앞

서거니 뒤서거니, 둘 또는 셋씩 무리를 지어 따사로운 봄볕을 받으며 여유롭게 걸었다. 그날은 꽃을 보느라 일행의 제일 뒤에서 따라갔다. 마음이 아름답고 행복해짐을 느꼈다.

방서교 밑에 도착하니 모랫바닥에 많은 발자국이 어지럽게 찍혀 있었다. 무슨 발자국인가? 새의 발자국이다. 그럼 무엇을 했을까? 한 쌍이 격렬한 사랑을 한 흔적이 아닐까? 아니면, 인간에 의해 파헤쳐지는 무심천을 보며 안타까운 마음을 토로하고 있었을까?

조금 가다 보니 노란 꽃이 눈에 들어왔다. 뒷산 산책길에서도 많이 봤던 것이라 그것을 기억하고 있었다. 노오란 꽃을 피워 자태를 뽐내는 '애기똥풀'이다. '여기서 또 만나니 반갑다!'라며 그녀에게 다가가 사진을 찍어줬다. 나는 노란색과 연두색을 좋아한다. 봄에 찍은 사진을 보면 대부분 노랑꽃이며, 그중에서도 이 꽃이 가장 많이 찍혔다.

> 애기똥풀은 두해살이풀로 봄부터 가을까지 꽃이 핀다. 독성이 있으며 천연염료로 사용하고 약재로도 쓰인다. 야산이나 들, 길가, 돌담 등을 좋아하며 음습한 곳이나 울타리 밑 등에서 잘 자란다. 줄기나 잎을 자르면 노란색의 유액이 나오는데, 엄마 젖을 먹는 애기 똥과 같아서 '애기똥풀'이라 부른다. 다른 이름으로 젖풀, 까치다리, 싸아

똥이 있으며 꽃잎은 주로 4개나 5~6개인 경우도 있다. 개미들이 먹이로 물어다가 집으로 운반하면 그곳에서 발아하여 번식한다. 흥미로운 사실은, 태양이 비칠 때만 꽃이 피고 비가 오거나 흐린 날에는 즉시 숨긴다.

야생화를 보고, 사진을 찍으며 걸으니 시간 가는 줄 몰랐다. 일행이 저만치 장평교 아래에서 나를 기다리고 있었다. 서둘러 그들과 합류하여 퐁네프 다리로 발걸음을 옮겼다. 가는 중에 한 분이 '꽃 이름을 지금은 기억하지만, 또 잊어버린다.'라고 말하고 한마디 더 하였다.

"우리는 쉽게 잊어버리지만, 리더님이 내년에 또 알려주실 거죠!"

그렇다. 우리 '길아'에는 리더가 계신다. 기억력이 좋아 잊어버린 우리의 기억을 되살려주시는 분이시다. 오랜 기간 교직에 몸담으셨고 지금도 강의를 하시는데, 두 시간의 강의를 위해 일주일을 공부해 알려주시는 열정을 갖고 계셨다. 도서관에서 '비대면 강의'라는 낯선 수업을 준비하면서 서투른 것도 많으실 텐데, 조금도 어색하지 않게 매끄럽게 진행하셨다. 그분은 나보다 연세가 많은 띠동갑이시다.

퐁네프 다리에서 쉬고 있는데 전화가 왔다.

"회장님! 지금 회원과 같이 장평교까지 왔는데 어디 계세요?"
"우린 지금 퐁네프 다리 위에 있어요. 이리 오시면 돼요."

오는 시간이 있으니 '대성당'까지 갔다 오자는 누군가의 말에 동의하여 그곳으로 걷기 시작하였다. 조금 걸으니 노란 꽃들이 춤추며 나를 보고 미소를 보냈다. 대성당으로 가는 길가에 아카시나무들이 빽빽이 들어서 있는데, 나무 아래에 '애기똥풀'이 산책 길가 양옆에서부터 멀리 보이는 '대성당' 입구까지 화려하게 펼쳐져 있었다.

"와~! 너무 아름답다. 어떻게 이렇게 많이 피어있지? 더구나 아카시나무 나무 밑에서?"
"나무의 가시가 있어서 그럴 겁니다. 아카시나무 밑에서 자라면 자기가 보호받을 수 있다고 생각하는 거죠. 내가 안전하게 살 수 있는 곳, 안전지대라고 생각하는 겁니다."

리더가 말씀하셨다.

"아~ 그렇구나! 이런 조그만 들꽃도 자기가 보호받을 수 있다고 생각되는 곳이면 어디든 가는군요."

 꽃들의 시중을 받으며 대성당 다리에 도착했다. 뒤처진 일행을 다시 그곳으로 오라고 전화하고, 다리 밑으로 흐르는 물을 쳐다보았다. 물이 많이 불어 물살이 드세다. 다리 주변에는 수많은 돌탑이 쌓여 있던 흔적들이 있다. '지난번 홍수 때, 대성당이라고 불렸던 탑들이 물에 휩쓸려갔으니 다른 이름을 붙이는 게 어떨까요?'라고 말한 적이 있었다.

 "대성당은 내 마음속에 있어요. 그러니 이곳은 지금도 대성당입니다."

 리더의 그 말씀을 떠올리며 나를 다시 돌아보았다. 작은 꽃도 자신의 생명을 지키기 위해 온몸으로 노력하는데, 식물보다 진화한 동물은 어떨까? 사람은 어떨까? 아니 나는 또 어떨까?
 나도, 사물을 자세히 관찰하며 그들의 세계를 이해하고 같은 시대를 사는 동료로서, 더불어 사는 방법을 알아봐야 하지 않을까!

우리 집

나는 자그만 우리 집을 좋아한다.

이천이십 년 가을, 이듬해 이월에 입주할 아파트 근방에 차를 세워놓고 아내와 낙가산(483m) 정상까지 네 시간 만에 올라갔었다. 그곳을 등반하고 싶은 욕망이 오래전부터 내 마음속에 꿈틀거리고 있었다.

낙가산 맞은편에 청주에서 제일 높은 선도산이 있으며, 그 사이에 목련공원이 있고 바로 밑이 루네미골이다. 월운천이 시작되는 발원지다. 선도산 줄기를 따라 내려오면 관봉이고, 조금 더 멀리 보이는 성무봉과 산줄기의 끝자락에 시루봉이 매달려 있다. 그 산 너머로 무심천과 한계천이 만나 합류하는 남일면 은행리가 있다.

우리 집 식탁에서 바로 보이는 관봉 밑으로 내려오면, 내년에 완공할 예정으로 공사가 진행 중인 제3 순환도로가 보인다. 그 도로 밑에 풍경화 그림 같은 백운동이라는 작은 마을이 있다. 그곳에서 소프라노 스테레오로 우는 수탉 소리에 이른 새벽잠이 깨고, 앞 논에서 개구리와 맹꽁이의 소란스러움에 늦은 밤까지 설렘에 잠 못 이룬다. 도시에 살지만, 생활환경은 시골이다. 우리 집 이십삼 층 아파트와 논 사이에는 무심천지류인 월운천이 흐르고 있으니 아름다운 전원(田園) 풍경이다.

봄이 시작될 때 새 아파트에 들어왔다. 아침에 해 뜨는 모습을 바라보고 앞산을 눈앞의 정원처럼 볼 수 있어 즐겁다. 비 오고 난 후 산 중턱에서 정상으로 오르는 수증기를 볼 수 있어 좋다. 아침이 되면 상층구름이 되려고 야금야금 산을 타고 오르는 모습이 정겹다. 마치 하늘은 비를 내려 대지에 입맞춤하고, 땅은 그 보답으로 안개를 일으켜 하늘을 포옹하는 것처럼 아름답다. 거실에서 바라본 탁 트인 전원 풍경은 도시 생활이면서 시골의 맛을 풍기는 느낌이 행복하다. 상당경찰서를 지천에 두고 있으며 동남향으로 지어진 집은 12시까지 햇볕이 들어온다. 도심에서는 오후가 되면 대부분 실내가 어두워지는데, 보이는 모든 풍경이 햇살을 받아 집안을 비추니 늦은 시간까지 훤하다.

아파트 옆으로 한숲 공원 올라가는 산책길이 있다. 조금 오르면 낙가산 가는 등산길과 용암동 성당 뒷산으로 가는 갈림길이 나온다. 등산길로 가다 보면 앞에 '발파 중. 절벽 떨어지면 죽습니다.'라는 안내판이 보인다. 도로 공사 중이

므로 더는 오를 수가 없다. 그곳을 뒤돌아 나와 반대편 성당 가는 길로 걷는다. 내 걸음으로 한 시간 반에서 두 시간 걸리는 숲속 길이다. 나는 이 길을 아주 좋아한다. 어린 시절의 기억을 되살리게 하는 식물이 있어 좋다. 애기풀풀, 아카시나무, 찔레꽃, 칡, 개망초, 질경이, 며느리배꼽 등등.

집 앞 도로 옆에 월운천이 흐르는데, 하류로 내려가면 단재초등학교 옆에서 무심천으로 합류한다. 도시의 기운이 강하게 느껴져 두 번 다시 가고 싶지 않은 길이다. 상류로 오르는 산책길은 한적하며 꽃과 식물이 곳곳에 피어 있어 정겹다.

우리 집은 도심 가장자리에 위치하지만, 교통이 발달한 곳이다. 6차선인 목련로는 상당경찰서까지 연장하는 마무리 공사가 한창이다. 동남지구의 중심지와 연결된 4차선 중고개로가 우리 아파트 옆을 지나 그 도로까지 연결된다. 또 다른 중심지인 청주 하나로 물류센터에서 아파트를 이어 주는 동남로가 있다. 이삼백여 미터 거리에 청주 시내를 한 바퀴 돌 수 있는 제3 순환도로를 건설하고 있다. 이 도로가 내년에 개통되면 아내가 매일 다니는 파크골프장까지 시간이 반으로 단축된다. 경찰서에서 복련보를 따라 조금 더 가면 월오동과 가덕면 상야 보건소 간 도로가 이어진다. 가덕면에 있는 주요 시설-과학 고등학교, 단재교육연수원, 자치연수원, 운전면허시험장-이 바로 눈앞에 들어온다.

저녁에 창문 열면 개구리 울음소리가 달빛처럼 쏟아져 들어온다. 어두운 적막을 뚫고 개구리 울음소리는 왜 그렇게 크게 들리는지……. 자동차는 물론 인적조차 찾아볼 수 없는 것처럼 개구리 울음소리만 크게 들린다. 주위의 모든 소리를 삼켜버리고 개구리만 존재하는 것 같다. 다른 사람의 말은 경청하지 않고 오로지 자기 말만 하는 정치인들의 목소리 같다.

누가 그리워 밤새워 울고 있을까? 불러도 대답 없는 연인이 오지 않아서일까? 저러다가 목청 터지지는 않을까? 연인은 어디 숨어 이렇게 애타게 할까? 새들도 잠든 이 밤, 개구리들은 어찌하여 칠흑 같은 어둠 속에서 밤새 소란스러울까?

> 올챙이 시절에는 아가미로 호흡하다 개구리가 되면 폐로 호흡한다. 폐를 부풀려 공기를 마시는 것이 불가능하다. 그래서 목을 부풀리기도 하고, 움츠리기도 하며 폐로 공기를 보낸다. 목을 쉬지 않고 움직이는 이유가 바로 불완전한 호흡 때문이다. 폐로만 충분한 공기를 들이마실 수가 없어 피부로 숨을 쉬며 부족한 산소를 보충한다. 피부가 항상 젖어 있는 것처럼 보이는 것은, 피부가 젖어 있어야 산소를 받아들이기 쉽기 때문이다. 낮보다

는 서늘한 밤에, 맑은 날보다는 비 오는 날에 기분이 좋을 수밖에 없다. 밤과 비 오는 날에 울어대는 것은 숨쉬기가 편해, 너무 기분이 좋아 노래를 부른다는 이야기가 있다.

'길 위의 아카데미' 리더께서 삼대가 복을 쌓아야 배산임수背山臨水의 집을 갖는다고 하셨다. '산을 등지고 물을 마주 보고 있다.'는 의미이다. 뒷산에서 땔감 얻고, 앞 물에서 빨래하고, 생선 잡고, 물 긷던 시절의 이야기다. 한강 앞 아파트가 강에서 물 길어오기 쉬워 비싼 것은 아니다. 아파트 생활은 서로 비슷한데 앞이 트여 보기 좋아서 비싼 거다. 자연적인 풍경은 서울 한강 주변 아파트보다 우리 집이 훨씬 좋다고 생각한다.

그래서 나는 우리 집을 사랑한다!

숲속 길1

 뒷산 산책길을 걷다 보니 봄을 알리던 꽃들이 많이 사라졌다. 개망초, 기생초, 자주개자리, 끈끈이 대나물, 싸리가 보였다. 사월부터 오월 사이에 핀 봄꽃들이 내 기억 안으로 들어왔다.
 우리 집에서 출발하여 산책하는 코스가 세 곳이 있다. 첫째는 물을 보며 월운천 상류로 걷는 길이고, 두 번째는 뒷산을 따라 산 둘레길을 걷는 길이 있다. 그리고 내가 가장 좋아하는 숲속 길이 세 번째다. 이 길은 많은 생명이 살아가는 현장을 관찰하는 곳이다. 시간이 지남에 따라 생명의 빛깔도 바뀌는 것을 볼 수 있으며 그중에서도 식물 특히 꽃들을 보는 재미가 쏠쏠하다.
 흔하게 눈에 띄는 것이 애기똥풀이었다. 노랑꽃은 사월부터 유월까지 절정을 이루었다. 줄기나 잎을 자르면 애기똥 같은 유액 때문에 이름이 붙여졌다. 젖풀, 까치다리, 싸

아똥으로 부르기도 하였다. 개망초도 자주 보였다. 망초는 묵정밭에 우거지는 잡풀인데, 일제식민지 때 국내에 들어와 '개'자를 붙인 게 아닌가 싶다. 왜풀, 개망풀, 아종소라 불리며, 꽃송이 가운데는 황색 통꽃들이 모여 피고 가장자리에 흰 혀꽃들이 돌려 피었다. 찔레는 어릴 때 자주 먹었는데 꽃이 흰색인 줄 처음 알았다.

아카시나무는 어디에나 잘 어울려 자라며 흰 꽃은 배고픔을 이겨내기 위한 아이들의 간식이었다. 산딸기꽃은 흰색이며 가장 많이 찾던 것이었지만 대부분의 사람이 먹어서 하늘의 별따기처럼 보기 힘들었다. 뱀딸기는 햇볕이 잘 드는 곳에서 자라며 노란 꽃이 피었다. 산딸기보다 많이 보이지만 내가 사는 영남지방에서는 뱀이 침을 흘린 딸기라 하여 먹지 않았다. 지금 알아보니 뱀하고는 상관없었다. 뱀이 먹는 것이 아니라 새들의 먹이로 쓰인다는 것도 알게 되었다. 산책 온 아이가 뱀딸기를 먹어본다고 하자 젊은 엄마가 먹어보라고 하였다.

고마리는 습한 양지에 주로 무리를 이루어 살고 있다. 고마리, 조선고마리로 불리며 꽃 색깔은 홍색 또는 흰색에 붉은색이 섞이거나 흰색으로만 피었다. 산책길의 고마리는 흰색 꽃이 막 피어나기 시작하였다. 닭의장풀꽃이 파란색인 걸 처음 알았으며 달개비 또는 닭의밑씻개로도 불렸다. 며느리배꼽은 덩굴식물로 시큼한 맛에 어린 시절 자주 먹었다. 며느리밑씻개와 닮은 식물이며, 구분은 입자루가 잎의 배꼽 위치에 붙으면 도시에서 자라는 며느리배꼽이고 잎 바닥에 붙으면 농촌에 많이 자라는 며느리밑씻개였다.

뽀리뱅이꽃은 노란색이며 햇볕이 있으면 어디서든 피는 꽃이었다. 큰개불알풀은 연자주색 꽃이 피었다. 이름에 걸맞지 않게 앙증맞은 작은 꽃이다. 금계국은 봄에 피는 꽃의 화려함의 진수를 보여주었다. 꽃송이가 큰 무리에 속하며 볕이 잘 드는 어느 곳에서든지 노란 꽃이 무리지어 휘날렸다. 별꽃은 흰색의 아주 조그마한 꽃으로 자신의 존재를 드러내려 하나, 주변의 큰 식물에 가려 잘 보이지 않았다.

칡은 반항아처럼 어디에서든 잘 자랐다. 앞뒤 좌우 기댈 곳만 있으면 그것이 무엇이든지 밟고 엉기며 줄기를 뻗어 나갔다. 환삼덩굴은 주로 비탈길에 무리 지어 자랐다. 주위의 모든 풀보다 위에 있으려고 어디든지 뻗어 나갔다. 뚱딴지는 돼지감자라 불리기도 하며 키가 3m까지 자랐다. 북아메리카가 원산지며 예전에는 땅속에서 굵어진 덩이줄기를 감자 대용으로 먹었다. 주름조개풀은 반음지에서 모여 자라는데 사람이나 야생동물에 의해 곳곳에 퍼져나갔다. 잎 가장자리가 물결치듯 주름지어져 있어서 이름이 지어졌다.

숲속 길로 다니면 자연의 세계가 어떻게 생성되는지 알게 된다. 몸으로 가르침을 주는 자연의 이치를 배운다. 덤으로 내게 건강을 보장해 주고 있다. 내가 이 길을 좋아하는 이유이다. 유월의 여름 꽃들이 한창 자신의 자태를 뽐내고 있다.

잠자리에 들었을 때 아내가 나를 끌어안으며 한마디 하였다.

"오빠! 날씬해졌어. 그전보다 팔 하나가 없는 것 같아."

몸무게가 팔십이, 삼에서 칠십오로 내려갔다는 것을 알았다.

숲속 길2

 아파트 옆 한숲공원으로 조금 올라가면 갈림길이 있다. 왼쪽은 원봉공원 가는 곳이고 오른쪽은 낙가산 등산하는 길이다. 원봉공원 가는 길로는 산책하는 사람들이 수시로 다녔다. 나도 그 길로 하루 두 시간씩 산책 겸 운동하는 시간을 몇 달째 하고 있다. 매주 한 번 오른쪽 등산길을 따라 월오동·김수녕양궁장 안내 팻말까지 다녀오곤 했다. 다니면서 사람들의 모습을 유심히 관찰하였다.
 앞에 가는 사람이 조그만 언덕길을 올라가고 있었다. 언덕 위 길옆으로 조금 비켜선 사람이 보였다. 앞선 사람이 지나가고 나와 시선이 마주쳤다. 내가 길옆으로 조금 비켜주니 그 사람이 빠르게 지나가며 이야기하였다.

 "고맙습니다."
 "네." 하고 답하고 말았다. 그 사람의 뒷모습을 보며 '저도 고맙습니다. 선생님의 행동을 본받겠습니다.'라고 속으로만 말했다.

"안녕하세요."
 오르막길을 오르는데 경쾌하고 밝은 목소리가 들려왔다. 그 소리에 눈을 들어보니 마스크로 완전무장한 여자 분이 길옆으로 비켜서 있었다.

"뉘신지요? 저를 아세요?"
"아뇨. 모르는 사람이에요."
 하며 웃는다.
"아예. 반갑습니다."
 나도 웃고 지나쳐 올라갔다. 산에서 사람을 만나면 종종 이런 인사를 한 젊은 날의 기억이 떠올랐다. 뒷산 산책길에서 이런 대접을 받으니 마음이 즐거웠다. '고맙습니다. 안녕하세요. 감사합니다.'란 말이 가장 쉬운 말인데 표현은 가장 어려운 말이 되는 것 같아 안타까웠다.
 한 남자와 여러 명의 여자가 언덕 위에서 내려왔다. 아마 교회의 사람들이 산책하는 중인 것 같았다. 요즘 자주 마주치는 분들이신데 내 옆에서 쉬고 있는 일행인 남자에게 목사인 듯한 분이 이야기하셨다.

"이제 내려가요."

"아직 시간 남았는데……."

"야~ 눈 온다. 빨리 내려갑시다."

목사 같은 분이 말했다. 유월 중순 산길에서 눈이 온다고. 마음속으로 킥킥하며 웃었다. 유머 있는 말 한마디로 여러 사람에게 웃음을 주는 말을 배우고 싶다.

낙가산 등산길로 가면 동남지구를 바라볼 수 있는 쉼터가 있다. 나무 의자 대여섯 개가 있어 사람들이 자주 쉬어 가는 곳이었다. 나도 그곳으로 올라가는데 작년 가을에 와 보고 처음 온 길이라 오솔길이 눈에 익지 않았다. 두 갈래로 갈라진 곳에서 망설이고 있는데 뒤따라오던 여자 분이 설명을 해 주었다.

"좌측 길로 가면 조금 편하게 오를 수 있어요. 저도 처음에는 좌측으로 올라갔어요."

맑고 정감 있는 목소리에 혹해 나도 모르게 그녀를 쳐다보았다. 얼굴은 마스크 안에 숨어있었지만, 눈이 맑았다. 적당한 키에 운동으로 다져진 탄탄한 균형 잡힌 몸이었다.

"아~예. 고맙습니다. 혼자 산에 다니기 무섭지 않아요? 저는 어릴 때 매구(구미호)가 사람을 홀린다는 이야기를 많이 들어 조금 겁나거든요."

"하하하. 걱정해 주셔서 고마워요. 몸이 불편하신데 조심히 올라가세요."

그 말을 남기고 다른 길로 올라갔다. 다니다 보면 가끔 저런 분을 만나 내 기분도 매우 흐뭇하다.

한번은 낙가산 정상이 2.3km란 안내 팻말이 보여 정상 쪽으로 조금 더 오르기로 하였다. 산은 점점 더 가팔랐다. 조금만 가면 고개 정상을 오를 수 있었다. 중간에 나무 의자가 있어 그곳에서 잠시 쉬고 있었다. 내가 방금 올라온 길에서 할머니 한 분이 느릿느릿 올라오고 계셨다. 숨이 차는지 가쁜 호흡이 조금 떨어진 내게도 들려왔다.

"힘드시죠?"
"운동을 위해서 하는데……."

숨이 차서 말을 잇지 못하셨다. 조금 오르면 이 비탈을 올라갈 수 있으며 쉴 수 있는 의자가 있다고 하셨다. 그곳을 지나 깔딱 고개까지 오르면 정상까진 큰 무리가 없다고 하셨다. 곧 뒤따라가겠다고 하면서 그녀에게 먼저 올라가라고 말하였다. 그분의 연세가 여든일곱인 어머니보다 네다섯 살 적은 듯 보이는데 대단하시다는 생각이 들었다.

나는 어떤 사람으로 살아야 할지 곰곰이 생각을 본다. 배려하는 사람, 공감하는 사람, 나이가 들어도 건강을 유지하는 사람이 되고 싶다. 봉사하고, 공부하고, 책을 읽는 생활을 하여 좀 더 풍요로운 삶을 살고 싶어진다.

오비이락

 오비이락烏飛梨落이라는 옛말이 있다. 까마귀 날자 배 떨어진다는 뜻으로, 아무 관계없이 한 일이 공교롭게도 때가 같아 억울하게 의심을 받거나 난처한 위치에 서게 됨을 이르는 말이다. 나도 난처한 상황을 맞이한 사건이 있었다. 심장판막이 손상되어 수술하고 요양하는 과정에서 일어났다.

 4개월에 한 번씩 서울 S 병원에서 정기검진을 받았다. 더 이상 놔두면 심장에 무리가 와 합병증이 생기니 판막을 교체해야 한다고 의사가 말하였다. 수명이 긴 금속 인공판막으로 교체하기로 하였다. 오래 사용할 수 있으나 항응고제를 평생 복용해야 하며, 심장에서 판막이 열리고 닫히는 금속 소리가 난다고 하였다. 손상된 판막을 제거하고 인공판막을 연결해 주는 8시간의 긴 수술이라고 말했다.

 승모판막 풍선확장시술을 한 후 거의 십팔 년을 버텨왔

다. 수술 후 일 년 만에 뇌졸중이 와 장애인으로 십칠 년을 살았다. 내 몸에도 이상반응이 나타났다. 조금만 걸어도 숨이 가빠와 잠시 쉬다가곤 하였다. 이제 더 이상 버티기 힘든가 보다. 다음 검진 때 입원할 준비를 하고 오라며 수술 날짜를 잡았다. '내 몸에 인공으로 만든 것이 들어가는구나.'라고 생각하니 마음이 심란하였다.

병원에 다녀온 후 장모님이 편찮으시다는 소식을 들었다. 오래전 다른 병으로 수술 받으신 후, 음식을 많이 못 드셔서 바람에 날아갈 듯 체중이 가벼우셨다. 그분이 또 다른 병에 걸린 걸 가족들이 알게 되었다. 집안 대소사를 무난하게 처리해 오시던 장모님의 병환에 집안 식구들이 발 벗고 나섰다. 서울 고려대 병원에서 진찰을 받고, 큰처남 집에서 자식들의 축하를 받으며 생신 잔치를 하였다. 그때가 마지막 생신이라는 생각은 대부분이 알아채지 못했다. 얼마 후에 나온 병명은 급성백혈병이었다.

십이월 중순 나는 S 병원에 입원하였다. 아내는 병원에서 간호할 준비물을 챙겨가지고 나를 따라 나섰다. '엄마가 많이 아파 병원에 입원해 있는데 왜 지금 수술하냐?'고 그녀가 투덜댔다. 장모님 병을 알기 전에 수술날짜를 잡아서 미안하다고 말하였다. 마음속으로 안타까운 마음이 들었지만 어쩔 수 없었다. 심장판막치환술을 하는 날, 그녀는 긴 시간을 수술실 밖에서 초조하게 기다렸다고 한다.

수술하기 전에는 마음이 담담하였다. 가슴뼈 정중앙 위에서 아래로 이십오 센티미터 절개하고, 심장의 기능을 인공심장으로 대체한 후, 심장의 승모판막을 제거하고 금속 판막으로 교체하는 수술이었다. 막상 수술실로 들어갈 때 아내와 영원한 작별을 하는 것 같아서 일부러 웃으며 들어갔다. 수술실에서 전신마취 후 나는 모든 것을 놓아버렸다.

수술 후 가슴 절개 상처 때문에 심한 통증이 찾아왔다. 고통을 완화하기 위해 진통제를 수시로 맞았다. 침대에 눕지 못하고 앉아서 생활해야 했다. 잠을 잘 때도 마찬가지 자세였다. 먹으면 화장실 가야 하는데 자주 가기 어려워 소변은 아내가 받아서 처리하였다. 일거수일투족이 아내의 손이 필요하였다. 그녀가 없었다면 어떻게 되었을까?

열흘 후쯤 조만간 퇴원해야 한다는 말을 간호사에게 들었다. 아직 상처가 아물지 않았는데 퇴원하라고 하면 우리는 어떻게 하냐고 되물었다. 대기하고 기다리는 환자가 너무 많아 어쩔 수 없다는데 더 이상 얘기할 수가 없었다. 아직 침대에서 누워 편히 잠을 자본적이 없는데 퇴원하라니 짜증도 나고 화도 났다. 서울이나 청주의 다른 요양병원을 찾아보았다. 마땅한 병원을 찾을 수도 없고 아내가 힘들어하는 모습이 안쓰러워 둘째 매제의 도움으로 집으로 왔다.

아직 자유롭게 누울 수 없어 침대를 올려 생활해야 할 방법을 찾아야 했다. 이불과 베개를 쌓아 높이고 몸을 기대어 앉아 있는 자세를 만들었다. 많이 불편한 상태로 생활하였다. 청주 다른 병원에서 요양하고 오는 게 낫겠다 싶다가도 아내가 쉴 수 있으니 '집에 있는 게 좋아.'라고 생각을 바꿨다. 고통이 있을 때마다 마음의 갈등이 반복되었다.

퇴원한 지 하루가 지난 십이월 이십 칠일, 장모님 병세가 위중하다는 소식을 들었다. 아내는 충주로 급히 가고 나는 속절없이 침대에 누워 있을 수밖에 없었다. 다음 날 장모님이 돌아가셨다는 소식을 집에서 들어야만 하였다. 나는 장례식에도 참석하지 못한 불효한 사람이 되었다. 누워 있는 내 마음도 편할 수가 없었다.

장모님을 아무 걱정 없는 하늘나라로 보내드리고 핼쑥한 얼굴로 집으로 돌아온 그녀의 모습은 힘이 없었다. 또다시 나의 병수발을 해야 하는 아내의 마음은 어떨까? 수술날짜를 잘 못 잡았다는 생각에 마음이 무거웠다.

까마귀가 푸드덕 날자 배가 나무에서 떨어지면 이를 본 사람이 까마귀 때문에 떨어졌다고 오해를 할 수 있다. 나도 까마귀의 입장에 서게 된 경우다. 공연한 의심을 받는 일은 가능한 하지 말자고 다짐한다.

▶▶▶▶
제4부

알지 못하는 아픔

원인을 알 수 없는 통증

어머니가 침대에서 내려오시다 발을 헛디뎌 오른쪽 엉덩뼈에 금이 가, 금속 막대기로 고정하는 수술을 받으셨다. 서울 여동생 집에 계시다가 큰아들이 이사한 새집 구경을 할 겸 해서 청주에 오셨다. 집안에서 보행기를 밀고 다니시며 어머니가 꼭 이야기해야만 하는 말씀을 계속 쏟아내셨다. 며칠 만에 동생들과 하는 카톡에 나는 이런 글을 남겼다.

"며칠 모셔 보니 온 신경이 어머니한테 가 있는 거야. 잠시 곁을 떠나 내 방에서 글 쓰고 있어도 마음은 항상 불편하고 불안하다. 한 달은 모실 수 있다는 자신감으로 가득 차 있었는데……. '이번 주말이 언제 오나?' 기다려지기만 하는구나.
　　　　　　　　　-중략-

하던 공부 못하고, 글 못 쓰고, 어머니께 신경 못 쓰고, 내 마음은 무겁고 안타깝다."

 희미한 잠재기억 속에 들어있던 한 파편이 내 가슴을 울렸다. 어릴 때, 아파서 엉엉 울며 눈물만 흘리고 있던 나를 보며, 아무것도 할 수 없었던 어머니의 모습이 어른어른 거렸다. 다시금 떠올리고 싶지 않는 기억을 더듬어 그 속으로 빨려 들어갔다.

"원아~뛰지 마라. 배 꺼질라."

 장죽으로 담배를 피우고 계시던 할머니의 카랑카랑한 목소리가 들려왔다. 어릴 때부터 한곳에 진득하니 앉아있지를 못했다. 큰집과 우리 집을 뻔질나게 뛰어다녔다. 동네 아이들과 어울려 미꾸라지와 가재잡고, 집 옆 동산(무덤들이 있는 평평한 땅)에서 뛰어놀기를 좋아했다. 부모님은 그런 나를 일곱 살에 학교에 보내셨다. 나보다 두세 살 많은 동네 형들과 같이 다녔다. 일학년 담임은 내겐 천사 같은 여선생님이셨다. 어린 나를 무척 귀여워해 준 기억이 지금도 머릿속에서 지워지지 않고 있다.
 '아이고! 애는 엄마 젖을 더 먹고 와야 하는데······.'라고 말씀하시면서 민둥산 머리를 쓰다듬어 주셨다. 오 리쯤 되는 학교 가는 길이 내겐 놀이터였다. 진달래 먹고 물장구치고 다람쥐 쫓던 어린 시절이란 노래 가사와 같이, 내 발길 닿는 곳이면 어디든지 즐거운 놀이를 찾아 돌아다녔다.

  삼학년이 된 그해 봄날, 발목과 종아리, 무릎이 아파 걸을 수가 없었다. 열이 나고, 퉁퉁 부어 어찌할 줄 몰라 울고만 있었다. 어머니는 그런 나를 업고 의사는 아니지만 약 처방을 해 주던 사람이 있는, 창촌이라는 마을까지 십 여리 길을 뛰어다니셨다. 그 사람은 오이씨같이 생긴 조그만 진통제만 주었다. 병명은 잘 모르겠으니 이 약으로 통증을 가라앉히라고 하였다.

"원이가 소아마비 증상이 있는 것 같아요."

어머니의 말씀에 아버지도 힘없이 말씀하셨다.

"이곳저곳 물어봐도 도무지 알지를 못하니. 허 참!"

  이름도 알지 못하는 병은 나를 수시로 괴롭혔다. 봄이 오고, 여름이 오고, 가을이 왔지만, 나의 곁을 떠나지 않고 주위를 맴돌았다. 학교에 간 기억보다 집에서 누워 있던 기억이 더 많았다. 그 당시 시골 사람들은 읍내 병원에 다니는 것은 꿈도 꾸지 못할 만큼 어려운 시기였다.

부모님이 할 수 있는 일은 다 하셨다. 아홉 살 아이가 퉁퉁 부은 다리를 보고 우는 모습을 보며 어머니는 가슴에 얼마나 큰 멍이 드셨을까? 병명이 뭔지도 모르면서 소아마비 같다는 말에 집에서 할 수 있는 민간요법으로 약초를 만들어 먹이기만 하셨다.

아버지는 둘째이셨다. 큰아버지가 일찍 돌아가셨기에 할머니와 큰집의 대소사를 도맡아 처리하셨다. 어머니도 동네 허드렛일을 하셨기에 집에는 나와 동생들만 있는 경우가 많았다. 돌봐 줄 어른이 안 계셔서 혼자 아파하는 일이 자주 있었다. 소외되고 방치된 사람처럼 서러워 운 적이 더 많았던 것 같다.

그해 겨울이 막 시작되었을 무렵 기적적으로 통증이 오는 횟수가 줄어들었다. 결국 병명이 무엇인지도 알지 못한 채, 그 후로 아주 가끔 통증이 찾아올 때마다 오이씨처럼 생긴 진통제를 먹었다.

며칠 만에 '못 하겠다.'라고 백기를 들고 말았으니, 어릴 때 나 때문에 고생하셨던 어머니를 생각하면 괜히 미안한 마음이 든다. 또한 같은 말씀을 반복하시는 어머니께 나는 퉁명스럽게 말했다.

"어머니, 지금 하셨던 말씀을 조금 전에도 하셨어요. 동생들에게도 같은 말을 되풀이 하시니 짜증내죠."
"같은 말을 또 하면 안 되니? 좀 들어주면 어디가 덧나!"

 머리를 큰 망치로 얻어맞은 듯 어질어질하였다. 이런 말은 처음 들었다. 어머니는 몸이 아파서, 마음이 아파서, 쌓이고 쌓인 한을 이렇게 풀었나 보다.

다락방

 다락방은 초등학교 고학년 시절 나의 아지트였다. 친구들과 어울리지 못하고 어두운 다락방에서 나만의 세계를 만들어서 놀기를 좋아했다. 나는 그 아지트의 왕이었다.

 삼학년 때 다리 통증을 겪고 난 후, 한 학년을 유급하였다. 사학년 봄에 대구로 이사하였다. 내 나이 열한 살 때였다. 십 년의 시간 동안 사 남매를 기르신 부모님은 시골에서 생활하기가 어려웠다. 논 두 마지기(400평)로 우리를 키우기는 힘들었을 것이다. 아는 사람의 권유도 있었다지만, 아버지는 도시에서의 살림이 더 나을 것이라는 막연한 기대를 하셨는가 보다. 그런 기대 속에 가족을 도시로 데리고 나오셨다. 가난하지만 아무 걱정 없이 살던 나는, 고향을 떠나 도시의 낯선 사람들과 함께 살게 되었다.
 ○○초등학교에 전학한 나는 첫날부터 아이들의 웃음소리

에 주눅이 들고 말았다. 내 말투가 다르다고 웃었다. 고향에서 버스로 두세 시간밖에 떨어지지 않은 대구에서는 내 말이 이상한 모양이었다. 그때부터 학교 가기가 싫어졌다. 시골에서 왔다고 말의 억양이 다르다고 아이들이 웃었다. 점점 말수가 없는 아이로 변해갔다.

아버지는 시골에서 구장(區長=이장. 일본 강점기에 불리던 이름)으로서 마을 사람들로부터 인정을 받았다. 그러나 도시에서는 마땅한 일자리를 찾기 어려우셨나 보다. 삼십 대 초반의 어머니가 바구니에 팔 물건을 담아 ○○ 연못가에서 장사하여 겨우 입에 풀칠을 할 수 있었다. 나와 동생들만 집에 있는 경우가 많았다. 바로 밑의 여동생이 두 동생을 보살폈고, 대부분 기억이 나지 않지만 나는 혼자 놀았다는 생각이 어렴풋이 남아있었다.

아버지는 나의 마음은 아랑곳하지 않고 또다시 이사하였다. 작은아버지가 같이 지내보자고 하여 서울로 올라왔다. 대구에 온 지 반년 만이었다. 그때 아버지가 나의 마음을 조금이라도 생각하셨으면 어땠을까? 아니 대구로 이사 오는 걸 몇 년만 늦추었더라면 얼마나 좋았을까!

서울에서도 아버지는 마땅한 일이 없어 허드렛일만 하였다. 그분은 남에게 쓴소리 못 하고 마음만 착했다. 그 와중에도 돌아가신 형님의 사촌 조카들에게 신경을 많이 쓴 자상한 큰삼촌이었다. 아버지는 남에게만 좋은 분이었다. 당신의 사촌 조카들에게조차 큰소리, 쓴소리 내시는 모습을 본 적이 없었다. 내게는 아버지가 그렇게 자상한 사람이 아니었다. '나는 너희들을 위해서 열심히 일하고 있는 사람이다. 너희들은 알아서 공부하라'는 식이었던 것 같다. 맹모삼천지교는 언감생심이고, 나에 대해 '어떤 고민이 있는가?'라는 말 한마디 안 해주시던 분이었다. 오직 식구들을 굶기지 않으려고 많은 고민과 행동을 했었을 것이다.

가족을 먹여 살리는 일은 또 어머니가 담당하셨다. 가을에는 제3한강교를 건너다니며 강남 밭에서 배를 받아와 장사하여 국수라도 먹게 해 주셨다. 양철 바구니에 배를 담고 다리 위를 걸어오는데 너무 힘들고 멀어 고생했다는 말씀을 자주 하셨다. 서울에서도 대구와 같은 생활을 하였다. 아니 나는 대구와 또 다른 환경에 부딪혀야 했다.

행당동 OO초등학교에 전학했다. 우리 반에서는 나 혼자 시골에서 올라온 아이였다. 서울 학생들은 '시골에서 올라온 아이'라고 나를 놀렸다. 말투와 억양 그리고 사투리를 쓰면 웃음바다가 되었다. 국어 시간이 되어 내가 책을 읽을 때면 아이들이 '까르르' 하고 웃는 일이 한두 번이 아니었다. 선생님이 나에게 책을 읽으라고 할까 봐 항상 긴장하였다. 나는 나를 더욱 숨겼다. 말을 숨겼고 행동을 조심하였다. 월사금을 내지 못하는 아이들과 함께 선생님께 꾸중을 들을 때면, 어디론가 도망치고 싶었다.

내가 힘을 쓸 수 있는 곳은 방 한 칸과 다락방이 있는 우리 집에서였다. 부모님은 일하러 가셨고 집에는 동생들만 있었다. 바로 밑의 여동생을 어지간히 힘들게 하였었나 보다. 동생은 그때의 상황이 아직도 잊히지 않는다고 하며 지금도 나를 밉다고 한다. 그 시절 이야기를 잘 기억하지 못하는데 한 가지 생각나는 것은, 학교에서 돌아와 구석진 다락방에 틀어박혀 나만의 시간을 가지는 것이었다. 나사를 모아 놓고서 군인 놀이를 하였다. 조금 큰 나사는 대장, 나머지는 병사를 만들어 놀았다. 나는 항상 대장이었다. 그곳에서 나만의 만족감을 느껴 살아가는데 조그만 행복을 맛보았다. 초등학교에 다니는 동안 친구들과 노는 것보다 나만의 세계를 만들어 주는 어두운 다락방이 좋았다.

오학년이 되었다. 예쁜 한 소녀와 같은 반이 되었다. 지금도 그 이름을 잊어버리지 않았다.

'OOO!'

내가 본 그녀는 궁궐의 공주처럼 꾸미고 다녔다. 머리를 곱게 빗어 뒤쪽에 예쁜 끈으로 묶고 다녔다. 그녀를 많이 좋아했다. 그것은 나만의 비밀이었다. 실제로 말 한마디 하지 못하고 그 학년을 마쳤다.

시골에서 덜렁쇠로 돌아다녔던 나는 다락방의 은둔자로 변하였으며, 예쁜 공주를 짝사랑하는 혼자만의 세상에 갇혀 사는 왕자였다.

그렇게 내 초등학교는 지나갔다.

욕망

 내 마음에 숨겨놓은 여러 사건 가운데 기억하기 싫은 사건이 하나 있다. 어릴 때의 아픔을 치유하려고 의도적으로 계획한 일이었다. 다른 사람 앞에서 리더가 될 수 있다는 자신감을 가지고 행동했다가 실패한 이야기이다.

 고등학교에 들어간 후, 나는 스스로 RCY(청소년적십자, Red Cross Youth)에 가입했다. 중학교 생활은 초등학교 때 기억에서 쉽게 벗어날 수 없으나, 고등학교에서는 숨기고 싶었던 그 아픔을 치유하고자 클럽활동에 적극적으로 참여하였다. 당시 우리 학교는 4~5개의 학과가 있었는데, 그중에서 내가 들어간 전자과의 학생 수가 가장 많았다. RCY 클럽은 한 학과에서 대부분의 회원을 모집하였으며, 타 학과는 들러리에 불과하였던 것 같았다. 실제 이학년 임원들도 그 학과에서 독차지하였다. 일학년 회장도 같은 과에서 임명되었다. 그때 나도 무슨 직책을 맡았었는데 기억나지 않는다.

일 학기가 지나고 구월이 되자 RCY 서울지사에 일부 회원들과 구경하러 갔었다. 내가 본 그곳은 남녀 고등학생들이 모여 교제하는 별천지였다. RCY는 서울을 5개 지역으로 나뉘었는데, 한 지역에 삼사십여 개 학교로 조직되어 있었다.

그날 이후 같은 과의 몇몇 회원과 지사에 자주 들러 다른 학생들과 교제하였다. 특히 여고생들을 스스럼없이 만나서 이야기하는 것은 우리에겐 대단한 행복이었다. 그러던 중 몇 달 안에 우리가 속한 ○○위원장 선거가 있다는 이야기를 들었다. 일학년 초반부터 위원장 자리를 생각하고 준비한 친구들이 있었다. 서로서로 잘 알고 있었고, 서울 회장에 출마할 친구들을 중심으로 각 위원장도 내정하여 가는 중이었다. 나는 위원장 자리에 욕심이 생겼다. 몇몇 학교 학생들과 이야기하다 보니, 모범생처럼 보이는 나에게 더 호감을 느낀다는 것도 알아차렸다. 학교 선배 임원들에게 이야기하였고, 내가 나가도 되겠냐고 물어보았다.

"우리 학교에서는 한 번도 그런 생각을 한 적이 없었어. 네가 도전해 볼래? 밀어줄게!"

적극적으로 도와주겠으니 한번 출마해 보라는 뜻이었다. 클럽의 주 멤버도 아니었고, 일학년 회장도 아닌 내가, 선거에 나서기로 한 것은 생각도 못 할 일이었다. 지금 곰곰이 생각해보니, 초등학교 때부터 내 안에 갇혀 있는 나를 밖으로 끄집어내고 싶어서 그렇게 열정적으로 출마하겠다고 했는지 모른다. 선거가 석 달이 채 남지 않은 시기에 위원장 후보로 나가게 되었다. 모든 것에 대해 서툴렀으므로 부지런히 발로 뛰어다녔다. 지사에서 각 학교 대표들을 만나 열심히 하겠다는 말만 가지고 쉴 틈 없이 만나고 안면을 터 갔다. 선배·동료들과 함께 나를 알리는 데 힘썼다.

누구나 다 이 사람이 당선될 것이라고 말하던 일 순위 후보자를 물리치고 간발의 차이로 위원장이 되었다. 아무것도 할 줄 모르고 중간에 다크호스처럼 뛰어들었는데 그 자리에 오른 것이다. 학교 선배들과 동료들은 진심으로 축하해 주었다. 보통 클럽의 일학년 회장이 위원장 선거에 나갈 마음이 있으면 선배들이 길을 만들어주었다. 선출되면 학교와 위원장 일을 동시에 해나가는 게 상식이었다. 나의 경우는 그것을 파괴하였다. 졸지에 수십 개 학교를 대표하는 사람이 되었기 때문이다. 무명의 이소룡이 '당산 대형'으로 스타가 되었듯이 나도 그런 줄로만 알고 교만하게 굴었다. 학교 끝난 후 서울지사에서 살다시피 하였다. 교내 클럽보다 위원장으로서의 일에만 더 매달렸다.

학교 클럽 회장과 교외 위원장이 대립하면 얼마나 힘든 일인지 몰랐다. 처음에는 일이 잘 진행이 되는 줄 알았다.

내가 위원장인데 누가 제동을 걸겠느냐는 생각이었다. 그러다 보니 교내 클럽과 마찰이 자주 생겼다. 마찰을 풀지 못하고 나아가게 되니까 클럽 회원들 대부분이 나한테 등을 돌렸다. 처음 당선되었을 때 열렬히 환영하던 학교 선배들도 나를 외면하였고 동료들도 미워하는 사람이 생겨났다. 나는 나름대로 열심히 하여 학교에서는 처음으로 위원장이 되었는데…….

학교 클럽에서 따돌림 당하다 보니 위원장으로서 대외적인 일도 제대로 할 수 없었다. 여러 사람의 의견을 모아 진행해야 하는데 내 생각을 굽히지 않는 일이 자주 생겼다. 가장 큰 행사인 자선 찻집에 큰 관심과 열의를 가졌다. 대부분의 학교 대표들은 나라의 분위기가 심상치 않으니 내년으로 미루자는 의견이 많았으나 나는 끝까지 진행하였다.

가을 어느 날, 클럽의 동급생이 여러 회원이 있는 자리에서 주먹으로 내 얼굴을 쳤다. 그는 임원이고, 다른 학과에 적을 두고 있었다. 입안에서 비릿한 피 냄새가 났다.

"이xx야. 너는 그러면 안 돼. 너 혼자 클럽을 운영하냐?"

이런 소리도 들렸다. 그 친구의 주먹이 너무 세게 들어와 한순간 정신이 없었다. 회원들이 있었지만 말리는 사람은 없었다. 교내 클럽 회장도 아무 말 하지 않았다. 그는 말이 없고 좋은 사람이었지만 나 때문에 갈등이 많았던 것 같다.

늦가을, 학교에서 일주일 유기정학을 받았다. 하지 말라는 일을 하였기 때문이었다. 그때까지 학생들이 일일 찻집이나 빵집을 해서 수익금으로 불우한 이웃을 돕는 일은 선행으로 알았다. 무슨 이유인지 모르지만, 국가에서 학생들에게 금전에 관한 활동을 하지 말라고 하였던 것 같다. 학교도 이것을 중점 지도하였다. 매년 해오던 행사라 몰래 진행하는 학생들도 있었다. 2학기가 되자 각 학교 학생주임 선생님들이 눈에 불을 켜고 학생들을 감시했다. 그 와중에 내가 위원장으로 있는 OO지구에서 일일 찻집을 하려고 진행하였다. 그날 찻집을 여는 장소에 가니 학생 대부분은 오지 않았고, 나는 주동자가 되어 감시하는 선생님들께 붙잡혔다.

나는 용기를 내어 클럽에 가입하고, OO지구를 대표하는 위원장이 되었지만, 결국 친구들로부터 따돌림을 당하였다. 지금 생각하니 알겠다. 위원장 선거를 하며 사람들이 나를 추켜세울 때 우쭐하였고, 그들이 뽑아줄 때 희열을 느꼈다. 그 자리에 올랐을 때 서로 배려하고 타협하는 것을 몰랐다. 그 결과 고집불통의 독선적인 사람이 되었다. 가슴속에 아프게 들어 있는 나를 끄집어내는 데는 성공했지만, 그 당시 나의 인간과의 관계는 실패하고 말았다.

인생은 어느 시점에서 나를 뒤돌아보는 시간이 필요하다. 지금이 그 시간인 것 같다. 내 욕망을 채우려 하지 말고 순수한 마음으로 접근했으면 친구들과의 관계가 그렇게 나빠졌을까? 지금 시점에 다시 그 시절로 돌아간다면 좀 더 원만한 관계를 이루지 않았을까!

나의 첫 파견근무지

나의 첫 파견근무지.

가장 많은 인원이 배치된 산으로 올라갔다. 눈이 많이 내리기로 소문난 산이다. 가을 끝자락에 얼음이 얼 정도로 추웠다. 그해 겨울에 어릴 때부터 나를 괴롭히던 병이 몇 년 만에 다시 도져 다리가 붙고 열이 나 힘들었던 기억이 생각났다.

우리 부대는 유무선 통신을 담당하는 사령부 직할부대였다. 평상시에는 전화선을 이용해 예하 부대와 연결을 하지만 훈련할 때는 무선으로 통신망을 구축해야 했다. 무선통신장비를 실은 박스형 트럭에 4~5명 한 팀씩 배치하여 무선전화로 통화하는 훈련을 하였다. 이등병으로서 가장 힘든 것은 안테나를 세우는 일이었다. 수 미터 높이의 봉을 만들고 그 위에 파리채 모양의 장비를 맞추고 그것을 세웠다. 시간을 주고 그 과정을 여러 번 반복하며 훈련하였다.

그때 새내기 병사들은 힘쓰는 안테나 세우는 일을 담당하고 선임병은 차 안에서 개통을 하기 위한 준비를 하였다.

가을이 절정에 다다랐을 때 그 산으로 올라가라는 명령이 났다. 근무하기 편한 팀 단위의 파견지가 여럿 있었지만, 나에겐 그런 곳에 갈 기회가 오지 않았다. 같은 명령을 받은 몇몇 동료들이 모여서 걱정하였다.

"그곳에 가면 우리는 고생을 많이 한대."
"지금 가면 날씨가 너무 추워 걱정이다."
"지옥의 산이라고 하던데, 군기가 아주 심하데."

흉흉한 소문만으로도 긴장하지 않을 수 없었다. 가보지 못한 곳을 두려워하며, 다람쥐 쳇바퀴 돌 듯 내무생활을 하며 올라갈 날만 초조하게 기다렸다.

시월에 산 정상으로 올라갔다. 그곳의 생활은 걱정했던 만큼 힘들지 않았다. 근무지가 산 정상에 있는 좁은 공간이다 보니 할 일도 많지 않았다. 겨울 추위는 산 아래보다 한 달여 일찍 찾아왔다.

예전에 날씨가 추우면 발목 통증이 찾아올 때가 많았다. 그런데 초등학교부터 지금까지 나를 괴롭혀온 통증이 다시 찾아왔다. 입대한 지 십일 개월이 지난 후 가장 힘든 겨울에 발목이 붓고 아파왔다. 밖에서 오줌을 누면 바로 얼어버린다는 속설처럼 가장 추울 때였다.
 처음에는 아픈 다리를 숨기고 근무를 하였다. 파견지는 좁은 곳이라 많이 걸을 필요가 없었기에 참을 만하였다. 시간이 지나니 종아리와 무릎 통증이 뒤따랐다. 너무 아파 팀장에게 보고하였다.

"야~! 너 일하기 싫어 꾀병 부리는 거지?"
"아닙니다. 어릴 때부터 다리가 붓는 경우가 자주 있었습니다."

 팀장이 파견소대장에게 보고하였다. 나의 발 상태를 보고 나서 중대에 내려가 군 병원에 가보라는 명령을 받았고, 그 다음 날 부식 트럭을 타고 중대본부로 내려왔다. 소대장이 병원에 갈 병사가 있다는 이야기를 중대본부에 보고하지 않았나 보다. 밤에 도착하여 내무반에 들어서니 분위기가 이상하였다. 내가 온 이유를 물어보지도 않을 정도로 중대원들은 긴장하고 있었다. 오늘 야간 사격이 있다고 한 동기가 말했다. 그리고 곧 팀스피릿 훈련에 참석한다며 밤낮으로 연습한다고 말했다.
 병원에 간다는 말을 상사에게 꺼낼 수가 없었다. 나도 모르게 부대의 분위기에 압도되어 아픈 몸을 이끌고 훈련에 참여하였다. 낮에는 연병장에서 무선장비를 세우고 내리는 일을 반복하였다. 정신없이 뛰어다니다 보니 발목의 통증이 조금 나아졌으나 아픔은 사라지지 않았다.

팀스피릿 훈련지는 강원도 횡성 근방이었다. 눈이 하얗게 쌓여있는 논에 안테나를 세우고 박스카 안에서 무선장비를 개통하여 통화할 수 있게 해주는 게 우리 임무였다. 팀장은 개통 준비를 위해 장비를 점검하고 발전병은 발전기를 돌렸으며 팀원은 안테나를 세웠다. 그리고 며칠간의 훈련이 진행된 후 또 다른 곳으로 이동하여 같은 일을 반복하였다. 추운 날씨에 발의 아픔이 '나빠졌다, 좋아졌다'를 반복하면서 시간은 느리게 느리게 흘러갔다. 한 달여의 훈련이 끝나던 날 조금씩 아팠던 발의 통증이 사라졌다는 것을 알았다.

몇 달 지나면 또 통증이 오지 않을까? '그때 가서 또 대처하면 되겠지'라는 생각에 한숨을 돌렸다. 몸이 아파 생활에 지장을 주면 안 되는데 하면서도 학생 때처럼 아무 일 없듯이 지나갔다.

병원에 가려고 중대본부에 내려왔다가 엄중한 훈련에 참석하여 통증이 사라졌고, 그 후 아무 이상 없이 무사히 진역할 수 있었다.

심장 판막

'류마티스 열'이란 병명을 들어 본 적이 없었다. 어렸을 때 가난했던 아이들이 많이 걸렸던 병이라지만 가난한 사람이 어디 나 하나뿐이었을까.

나는 초등학교 삼학년부터 발열과 붓기 그리고 통증이 반복하는 고통에 시달렸다. 무릎, 다리 관절에 많이 발생하는 다발 관절염이었다. 초등학교를 1년 쉬었으며, 군대 갈 때까지 나를 간간이 괴롭혔다.

20여 년의 세월이 지난 후, 운동하거나 조금 숨이 찬 일을 할 때, 심장의 두근거림과 가벼운 가슴 통증이 있었으며 자주 피로를 느꼈다. 오랜 기간 심장 판막의 손상이 점점 심해졌기 때문에 이런 증상이 서서히 나타나고 있었다. 심장에 문제가 있다고 인식한 것은 서른여덟 살 때였다. 그해 겨울에 정기건강검진 결과표를 받았다. 무심코 펼쳐보니 심장에 이상이 있다는 통보였다.

'심장이 부었다고!'

뜻밖의 일이었다. 아무리 생각해도 심장에 무리가 가는 일은 하지 않았다. 활동을 조금 과하게 하면 숨이 차는 게 이상하다고 생각하였다. S 병원에서 심장 초음파검사를 다시 하였다. 그리고 그 결과를 가지고 의사와 마주 앉았다.

"어릴 때 '류마티스 열'을 앓은 적이 있나요?"
"병명은 잘 모르겠으나 초등학교 2학년 때 양쪽 발과 무릎관절이 붓고, 아프고, 열이 나 학교를 7~8개월 쉬었던 적이 있어요. 증상이 있으면 오이씨같이 생긴 진통제를 먹으면 좋아졌어요."
"언제까지 그런 증상이 있었나요?"
"중학생이 되고 나서부터는 가끔 그런 증상이 있었는데 이삼일 지나면 괜찮았어요. 군대에서 일병을 달고 난 얼마 후, 겨울에 무릎이 붓고 통증이 심해 병원에 가려고 파견소대에서 중대본부로 복귀했어요. 그때가 마침 팀 스피릿 훈련 기간 중이라 아무 말도 못 하고 아픈 몸을 이끌고 훈련에 참여했습니다. 훈련을 마친 후, 신기하게도 내 몸의 병이 사라졌어요."
"그때 류마티스 균이 심장으로 올라온 것 같습니다. 그래서 판막이 손상된 것입니다."
의사가 말했다.

"승모판막 협착증과 폐쇄부전증으로 인해 피가 역류할 수가 있습니다. 풍선확장시술을 통해 좁아진 곳을 넓혀 줘야 합니다."

담당 의사의 말에 겁이 나 바로 시술날짜를 잡았다. 시술이라는 말은 처음 들어보았다. 심장판막이 좁아졌다는 것은 심장 기능에 이상이 있다는 소리였다. 내가 왜 그런 병에 걸렸을까? 주로 어릴 때 못 먹고 자란 아이들에게 잘 걸린다고 하니 믿을 수가 없었다. 산과 들을 돌아다니며 진달래, 삐삐, 개구리, 미꾸라지, 붕어, 칡 등 많은 것을 먹었지 않았는가. 자연에서 필요한 것을 구해 먹었다는 것은 가정에서 먹을 양식이 충분하지 않았다는 말과 같다. 그것을 미화하여 '진달래 먹고 물장구치고 다람쥐 쫓던 어린 시절에'란 노래가 어려웠던 시절을 행복한 시절로 둔갑시키는 마술이었다.

수술하는 날, 마음이 조마조마하고 긴장되었다. 수술실에서 사타구니에 부분 마취하고 의사의 말을 들으며 진행하였다. 개복한 혈관을 통해 심장의 승모판까지 카테터(관 모양기구의 일반적 명칭의 하나)를 올리는 일이었다. 그것이 심장에 도착하면 좁아진 혈관에 성형 풍선을 넣어 부풀려주는 수술이다.

의식이 있으니 수술상황을 모두 들을 수 있었다. 혈관의 어떤 부분을 통과할 때 따끔거리는 통증이 일어나 '으~음' 하는 신음소리를 냈다. 참으라는 의사의 말이 그렇게 밉게 들릴 수가 없었다. 고통이 언제 찾아올지 몰라 마음은 항상 긴장하였다. 네 시간여를 수술하는 동안 그것은 반복하며 나에게 고통을 주었다. 의사가 '조금만 더 하면 됩니다.'라고 말할 때마다 당신이 한번 수술대에 누워 보시오, 라는 소리를 마음속으로 외치고 또 외쳤다.

"시술은 잘 끝났습니다. 6개월마다 한 번씩 정기검진을 꼭 받아야 합니다."

시술 후에 내 몸은 날아갈 듯 가뿐하였다. 가벼운 운동을 할 때 힘든 것도 없어졌다. 심장의 두근거림과 가슴통증도 사라지고 만성 피로도 달아났다. 6개월마다 정기검진을 받아야 합니다, 라는 의사의 말은 저 멀리 구름 속으로 날아가 버렸다.

뇌전증

 사람이 살다보면 생명이 위험한 위기가 찾아올 때가 있다. 나도 그런 상황이 있었다.

 이천십육 년 더운 열기를 내뿜고 있는 팔월 중순이었다. 건강하시던 장인이 쓰러지셨다는 급한 소식을 들었다. 술 드시다 쓰러져 충주 건대병원에 잠시 계시다가, 큰 병원인 원주 연세대 의료원으로 옮기셨다. 가족들이 정신없이 우왕좌왕하다 보니 황금시간을 놓치고 말았다. 그분은 나와 같은 뇌병변장애인이 되셨다.
 급성 혈액암으로 장모님이 돌아가시고 막내처남과 지내셨는데 마음이 허전하셨던가 보다. 장모님은 장인어른을 집안의 어른으로 깍듯이 대접하셨고 자식들에도 그렇게 하라고 가르치셨다. 원주병원에 병문안 가니 중환자실에 계셔서 면회 시간이 제한되었다. 의식이 뚜렷하지 않은 장인을 잠시 뵙고 나왔다. 앞으로 말씀을 못 하실 거라는 이야기를 처남에게 들었다. 나도 병원에 입원하였을 때, 의사가 저런 말을 했을 텐데 가족들은 어떤 기분이었을까?

아내는 아버지를 병간호하겠다고 하여 혼자 집으로 오는 길이었다. 제천-평택 고속도로로 청주로 향하고 있었다. 갑자기 머리가 핑 돌면서 의식이 가물가물해지는 것이다. 이런 증상이 있으면 움직이지 않고 가만히 서 있으면 삼십에서 육십 초간 어지럽다가 괜찮아졌었다. 운전 중에 이런 현상은 처음이었다. 순간적으로 내 머리를 스쳐 지나가는 것이 있었다. 운전사가 기절하여 길옆 가게를 들이받아 사망하는 뉴스가 생각났다.

비상등을 켰다. 그리고 브레이크를 살짝살짝 밟았다. 그 순간에도 고속도로를 달리고 있다는 것을 생각하고 있었다. 빠르게 달려오는 뒤차에 비상시국이라는 것을 알려야 했다. 후방 차가 비상등 켜는 것이 보였다. 앞에 안내 간판이 있는 것을 보았다. 5km에 금왕휴게소가 있다는 이정표였다. 죽어가는 의식을 붙잡으며 일이십 킬로미터의 속도로 휴게소로 천천히 나아갔다. 그 길은 죽음의 낭떠러지로 가는 길과 같았다.

머리가 어지러운 증상이 이 주일에 한두 번 있었다. 길을 가거나 운동하다가 갑자기 핑 돌면서 움직일 수가 없었다. 조금이라도 움직이면 몸이 균형을 못 잡고 쓰러질 것 같아 그 자리에 가만히 있어야 했다. 그 경우가 점점 심해지고, 핑 도는 시간도 길어졌다. 최근에는 거의 일 분간 가만히 있어야 하는 상태가 되었다. 뇌병변인 사람은 후유증으로 모두 그러는 줄 알았다.

잠깐 실수하면 깊고 깊은 곳으로 떨어져 이 세상 모든 것과도 끝이리라! 의식이 더욱 가라앉아 눈앞이 아른아른한데 저 멀리 휴게소가 보였다. '이제 살았다.'라는 마음과 휴게소까지만 가자는 생각에 온 힘을 쥐어짰다. 휴게소 주차장에 차를 세우고 핸들에 기대어 머리를 숙이고 있으니 경직되었던 몸이 풀리고 가물거리던 의식이 서서히 돌아왔다. 의자를 뒤로 젖혀 눈을 감고 누웠다. 30분쯤 지나니 운전할 수 있다는 생각이 들었다. 금왕꽃동네 나들목에서 고속도로를 빠져나와 국도로 내려섰다. 도로의 규정 속도보다 느리게 운전하여 집으로 돌아왔다.

다음날 바로 충북대병원에 가 상담하니 신경과에 접수해 주었다. 최근의 상황을 말하고 나니 의사가 말했다.

"최근 부산에서 운전하다가 기절하여 큰 사고가 난 이야기를 아시죠?"
"······."
내가 대답이 없자 다시 말을 이었다.

"부산 해운대에서 오십 대 뇌전증(신체적 이상이 없음에도 불구하고 발작이 반복적으로 나타나는 질환) 환자가 낸 다중 추돌사고로 세 명이 숨지고 이십 명이 다친 사건이었지요."

"아~! 예."

"그런 증상이 있는 것 같아요. 뇌파검사를 받아봐야 확실한 말을 할 수 있어요."

뇌파검사는 두피에 전극을 붙여 뇌의 전기적 활동을 기록하는 검사이다. 뇌파의 주파수와 진폭을 그린 뇌파도(뇌전도)를 분석하여 뇌의 상태를 알아보는 방법이다. 1920년대에 개발되어 뇌 연구에 엄청난 진보를 가져왔으며, 정상적인 뇌파도와 비교해서 뇌에 이상이 생겼을 때 발생하는 특이한 뇌파를 찾아내 뇌종양과 뇌 손상, 뇌전증 등 뇌 신경계의 질병을 진단하는 기본적인 검사법으로 활용되고 있다. 뇌파 검사는 주로 간질 발작을 진단하고 감별하는 데 사용되며 그 외에도 뇌졸중, 뇌종양, 뇌염 등 여러 뇌 질환 진단 시 시행할 수 있다.

예약한 날짜에 뇌파검사를 받고 의사와 결과를 가지고 이야기하였다.

"뇌파가 불안정합니다. 다시 증상이 나타날 수 있어요.

약물로 안정적인 뇌파를 만들어주어야만 해결할 수 있습니다. 평생 약을 먹어야 해요."

약을 먹지 않으면 부산에서 일어난 일이 내 일이 될 수 있다고 이야기하였다. 오싹한 소름이 온몸을 스쳐 지나갔다. 어지러워 몸이 얼음이 되었을 때 그 자리에서 쉬면 좋아졌던 것이 치명적인 사고를 내게 될 줄이야. 노란빛 케프라정 500mg을 아침, 저녁 두 번씩 복용하라는 진단을 받았다.

그 사건이 있고 난 뒤로 나를 위해 더 세밀한 건강관리를 한다. 건강에 대해서는 더욱 이기적인 사람이 된다. 아직도 건강하신 팔십 대 후반 어머니와 팔십 대 초반 장인보다는 더 오래 사는 것이 효도라고 생각하며 건강을 챙긴다.

전조 현상(前兆現象)

비가 온 후인지 아침 날씨가 제법 쌀쌀했다. 어제보다 3~4도 낮다는 이야기를 아내가 이야기했다. 산에 오를 때 잠바를 입으라는 소리였다. 건성으로 들은 나는 반소매 티에 모자도 없이 물과 수건만 챙겼다. 아내를 근무지인 파크 골프장으로 데려다주고 열 시에 집으로 돌아왔다.

운동 겸 산책을 위해 뒷산을 오르기 시작했다. 약속한 것은 아니지만 '길 위의 아카데미' 리더를 만나려면 서둘러야 했다. 아파트에서 산으로 올라 목적지까지 가려면 대략 삼십 분쯤 걸린다. 리더가 열 시에 집에서 나오신다고 하였으니 만나려면 서둘러야 한다.

산속은 바람이 불고 서늘한 기운이 감돌았다. 언덕배기를 오르는데 온몸이 땀에 젖고 오른쪽 발목과 무릎에 힘이 들어갔다. 목에 두른 수건으로 이마의 땀을 닦으며 쉬지 않고 산길을 걸었다. 용암동 성당 뒷산에 도착하니 열 시 이십오 분이었다. 리더가 보이지 않아 몸을 소나무 기둥에 기대고 마스크와 안경을 벗어 땀을 닦았다. 그리고 갈증 난 입에 물을 마셨다. 달콤하고 시원한 물맛이었다.

잠시 기다리다 그분이 안 오신다는 것을 알고 왔던 길을 되돌아오기 시작하였다. 소나무 숲을 지나 운동기구와 나무 의자가 있는 언덕배기에 도착하니, 오른쪽 다리가 묵직하고 둔한 느낌이 들었다. 순간적으로 뇌졸중 전조 현상이 떠올랐다. 골프 칠 때 갑자기 머리가 핑 돌던 생각도 났다. 잠시 의자에 기대어 서 있었다. 그리고 물을 마셨다. 머릿속이 어지럽고 다리가 쉽사리 가벼워지지 않았다. 시간이 지나니 무거운 다리가 조금 가벼워져 다시 걷기 시작했다. 걷는 속도가 느렸다. 갑자기 겁이 나기 시작했다. 뇌파검사를 하고 뇌를 안정시키는 약을 먹은 후로 몇 년간 없었던 일이다.

쉬엄쉬엄 걸으며 아름다운 꽃을 보며 여유를 가져보았다. 산 정상 바로 밑에까지 걸어갔다. 다리에 힘이 풀리고 걸을 수가 없어 나무에 기대어 가만히 서 있었다. 평상시 십 분 이내 걸리던 길이 사십 분이 걸렸다.

'여기서 쓰러지면 어떡하지?'

'119에 전화해야 하나?'

'갑자기 쓰러지면 내가 왜 쓰러졌는지 모르고 시간을 놓쳐 뇌졸중이 다시 오면 안 되는데······.'

한 친구가 재발하여 병원에 실려 갔는데, 자기의 상태를 직접 말해 바로 조치하여 말만 어눌한 상태가 되었다는 사실이 생각났다.

'119에 중증환자 등록하는 시스템이 있다고 들었는데 한번 알아볼까?'

'이러다 집에 못 가면 어떡하지?'

'아내에게 전화할까?'

별별 생각이 다 들었다. 수많은 생명이 쑥쑥 자라나는 초여름 산속에서 온갖 생각을 하며 오랫동안 서 있었다. 오른쪽 다리가 힘이 없고 오른팔이 뻣뻣하였다. 고속도로에서 이런 증상이 와 기절할 뻔한 적이 있었는데…….

집으로 가야겠다는 생각에 다시 힘을 내 한발 한발 내디뎠다. 밑으로 내려가는 나무계단에 도착하였다. 또다시 머리가 빙글빙글 돌고, 몸이 어지럽고, 다리에 힘이 풀리고 팔이 뻣뻣해졌다. 계단 위 난간에 기대어 아래를 보니 바로 밑에 별꽃이 가득 피어있었다. 꽃을 보니 기분이 좋아졌다. 여기서 집까지 오백여 미터 거리였다. 몸이 좋아질 기미가 보이지 않았다.

순간 모자를 쓰지 않았다는 것을 깨달았다. 추울 때는 모자를 꼭 써야 한다는 의사의 말이 생각났다. 인공판막에서 혈전이 생겨 피와 같이 온몸을 돌다, 뇌의 좁은 혈관을 통과하는 중, 순간순간 혈관이 막혔다 뚫리는 현상이 나타난다는 것이 생각났다. 목에 두른 수건으로 왼쪽 머리를 감싸 안았다. 오른쪽 다리가 불편하면 왼쪽 뇌에 문제가 있다는 것을 알고 있었다. 잠시 후 몸이 정상으로 회복되고 있는 것을 느꼈다. 오른 다리에 힘이 생기고 굳었던 팔이 서서히 펴지고 있었다. 남아있는 산책길을 포기하고 집으로 왔다. 모자의 중요성을 이미 알고 있으면서 잠시 잊고 있었다. 뻣뻣한 팔을 만들지 않기 위해 추울 때는 잠바를 입는다는 중요함을 다시금 깨달았다.

이 일이 있고 보름 후, 소나무 숲길에서 오른발이 작은 나무뿌리에 걸려 몸이 앞쪽으로 쏠리며 순식간에 넘어졌다. '어~' 하는 사이에 벌어진 일이었다. 넘어지는 순간 왼쪽으로 몸이 기우뚱하면서 왼쪽 가슴과 팔과 무릎에 심한 통증을 느꼈다. 바로 일어나 다친 곳이 없나 몸을 살폈다. 오른손 검지와 중지에 약간의 찰과상이 있었고, 왼손 넷째 손가락 첫째 마디에 상처가 났으며 무릎이 심하게 아팠다.

내가 넘어진 곳은 흙이 많은 편편한 곳이었다. 일 미터 앞에 돌부리와 나무들이 삐죽삐죽 튀어나와 있었다. 조금만 더 앞에서 넘어졌으면 어찌 되었을까 생각하니 온몸에 소름이 돋았다. '고맙습니다. 감사합니다.'를 혼자 연발하며 안도의 한숨을 쉬었다.

집에 와 그 이야기를 아내에게 하니 '오른발을 들고 다니라고 그렇게 말을 했는데…….'라며 걱정을 한다. '나도 높이 들고 싶은데 그렇지 못할 때가 있다.'라고 대꾸한다. '뒷산을 가지 말아요.'라고 당부하지만, 그래도 다닐 거라고 마음속으로 말했다. 오른 발목 올리는 게 잘 안 되기 때문에 신발 앞코(신의 맨 앞 위쪽 끝)가 돌이나 나무뿌리에 툭툭 걸렸다. 특히 힘이 들 때는 자주 그랬다. 오른발을 수시로 살펴보며 걸어야겠다. 다음날 정형외과에서 사진을 찍고 약을 받았다. 여섯 번째 왼쪽 갈비뼈에 실금이 있으니 당분간 산을 오르지 말라는 의사의 진단을 받았다.

내가 힘든 산길을 산책하는 이유는 이것이 습관이 되도록 하기 위함이다. 습관이 되면 살아있는 동안 건강하고 행복한 삶을 보낼 수 있다고 생각한다. 오늘까지 걸은 거리 오백 킬로미터, 일수로 백일이 넘었다.

알지 못하는 아픔

　어머니께서 전화하셨다. 점심 드셨냐는 인사를 드리자마자 거의 똑같은 이야기가 흘러나왔다. '장손이 아침을 안 먹고 나갔다, 바쁜 일이 있는지 얼굴 보기 힘들다, 오늘은 기분이 좋은지 같이 먹자고 고기를 사 왔다.'는 등 손자의 근황을 말씀하셨다. 다른 자식들에 대한 이야기도 미주알고주알 장황하게 늘어놓으셨다. 삼십여 분 비슷하거나 같은 말씀을 하셨다. 다음에 통화하자고 해 놓고도 '그래 알았다.'라고 하시면서 계속 말씀을 이어 나가셨다.
　원래 어머니는 말씀을 많이 하지 않으셨다. 젊었을 때, 말을 많이 하는 사람을 보면 실없다고 나에게 말씀하셨다. 늦은 나이에 교회를 다니면서 이야기하기 시작하셨다. 교회 일, 목사 말, 성경 말씀 등. 우리보고도 교회 다니라는 말씀을 자주 하셨다. 그런데 어머니의 삶을 조금 더 깊이 파고들어가면 누구보다도 할 말이 많았다는 것을 알 수 있었다.

 어머니는 일제강점기인 삼십오 년 장녀로 태어나셨다. 오빠가 계셨는데 다섯 살 때 병으로 일찍 돌아가셨다. 해방을 맞이하고 모두가 살기 힘든 시기였다. 외할아버지도 살아보려고 이것저것 해보시다가 누에고치 사업을 시작하셨다. 그 장사가 잘돼 한창 가세가 펴지고 있는 시기였다. 어머니 말씀으로는 돈을 가마니로 쓸어 담았다고 하였다. 이젠 우리도 먹고살 수 있겠다는 생각에 열여섯 살 소녀도 희망을 품었다. 그런데 그해 육이오가 일어났다. 꿈에 부풀어 있는데 그 전쟁으로 모든 것이 변하였다. 인민군이 내려와 돈 있는 사람들을 죽인다는 소식에 수입이 많았던 외할아버지는 겁이 나 애를 태우셨다. 그러다 동네 몇 사람과 산으로 피신하셨는데 그 이후로 연락이 두절되셨다. 키가 크고 인물이 훤칠하지만 겁이 많으셨던 외할아버지의 천성을 내가 쏙 빼닮았다. 거제도 포로수용소에서 봤다는 동네 분의 이야기를 들은 것이 마지막이었다.

 오십사 년 팔월에 아버지와 결혼하시고 사 년 후에 내가 태어났다. 어릴 때 누군가에게 사랑을 많이 받았다는 어렴풋한 기억이나 어머니께 물어보았다. 옆 동네에 살던 이모가 무척 예뻐했다고 하셨다. 이년 뒤 내 밑의 여동생을 낳은 해에 남순 이모가 열일곱 살에 맹장염으로 돌아가셨다. 착하고 아름다운 이모를 하늘로 떠나보내셨기에 어머니 마음의 고통은 그때부터 시작되었을 것이다. 아버지도 딱히 할 일이 없었던 터라, 어머니는 슬퍼할 시간도 없이 가족의 생계를 책임져야 했다. 두 동생이 태어나 사 남매를 먹여 살리려 갖은 고생을 하셨다.

  서울로 이사 와 내가 초등학교 육학년일 때, 스물한 살이던 막내 외삼촌이 제주도에 갔다가 부산으로 돌아오는 중에 배가 가라앉는 사고를 당하셨다. 일천구백칠십 년 십이월 남영호가 침몰한 사건으로 319명이 사망하였는데, 사십여 구만 인양되고 나머지는 찾지 못했다. 남영호가 떠났던 자리에 위령탑을 세워 원혼을 달랬는데, 82년 서귀포항 임항도로 개설로 인해 돈내코 법성사 인근으로 옮겨졌다.

  어머니는 생계 때문에 사고 현장을 가지 못하셨고 멀리서 외삼촌을 이모에게 먼저 보내셨다. 그때 몰래 눈물을 얼마나 흘리셨을까! 이 년 뒤 외할머니가 돌아가셨다. 흩어진 마음을 추스를 새도 없이 먼저 간 남편과 자식들이 있는 곳으로 훨훨 날아가셨다. 자식 셋을 먼저 떠나보내고 마음이 얼마나 힘드셨을까 생각하니 내 가슴이 먹먹하였다.

  어머니께 피붙이라곤 이제 부산의 큰외삼촌밖에 없었다. 동생에게 전화를 자주 하고 건강 조심하라는 말씀을 하셨다. 사업 때문에 술을 많이 드신다는 외숙모의 하소연 섞인 푸념을 가끔 들었다. 인생 사는 게 고단하여 마음대로 풀리지 않아 외삼촌도 힘들어 하셨다. 팔십사 년 여동생 결혼식에 참석하신 모습을 보니 얼굴색이 새까마셨다. 어머니와 마지막 눈을 마주치고 헤어진 얼마 후, 마흔세 살의 나이에 간경화로 운명을 하셨다. 어머니의 마음은 어떠하셨을까? 아마 뼛속까지 녹아내리는 고통을 당하지 않으셨을까? 모든 친정 식구를 다 잃으셨다. 다시는 어디에서도 찾아볼 수 없었다. 그때 어머니의 나이는 오십이었다.

구십칠 년에 큰아들인 내가 뇌경색으로 쓰러져 반신불수가 되었다. 자식을 동생들같이 또 먼저 보낼까 봐 얼마나 노심초사하셨을까! 그해 내가 이혼하여 초등학교 사학년인 장손을 데려다 키우셨다. 십 년 후 칠십칠 세인 아버지가 폐가 좋지 않다는 이야기를 들었다. 산을 다니며 건강하셨던 그분이 폐암 3기말 판정을 받았다. 항암치료를 몇 번 받다가 힘에 겨워 말씀도 못 하시고 누워계셨다. 괴산 여동생 집에서 요양하시다가 음식이 목에 걸려 손도 쓸 수 없이 육 개월여 만에 고통 없는 천국으로 가셨다.

암 진단을 받았을 때 아버지께 '담배를 적당히 피우시라.'라고 모진 말을 했다. 항암치료 받지 마시고 시골에서 좋은 공기 마시면 나을 수 있다는 말도 하였다. 아버지는 본인 뜻대로 항암치료를 받으셨다. 어머니도 걱정하시면서 강한 주장을 펼치지 못하셨다. 그리고 우려했던 일이 벌어지자 어머니의 마음은 또 어떠하셨을까? 어머님의 일생은 슬픔인 듯했다.

내가 감히 어머니의 슬픔을 짐작이나 한다고 할 수 있을까! 오월 어느 날, 어머니를 모시고 형제들과 괴산 동생 집에서 점심을 먹고 우연히 이야기하시는 도중에 눈물을 찍어 내리시는 걸 보았다. 이모가 나의 둘째 여동생처럼 예뻤는데 하시면서……. 옛날에 중풍 걸리면 오래지 않아 많이 죽었는데, 네가 이모의 남아있는 생명을 받아 오래 사는 거란 말씀을 하신다. 이모가 최소 팔십 년(어머니는 88살) 산다고 봤을 때, 열일곱 살에 돌아가셨으니 육십삼 년은 살아야 한다. 뇌졸중으로 이십삼 년을 보냈으니 남아있는 사십 년을 즐겁고 행복하게 지내야겠다.

전화를 끊으며 어머니께 또다시 슬픔을 드리지 않기 위해 오랫동안 건강을 유지하며 살아야겠다는 생각을 한다.

[해설]

잃어버린 날개를 찾아가는 과정

권 희 돈(문학평론가)

1. 박제가 되어버린 천재의 꿈

「해맑은 영혼처럼」은 번개로 상징되는 사건으로부터 이야기가 시작된다. 화자가 뇌졸중으로 쓰러지는 순간의 무서운 빛이 번개이다. 그 빛의 한쪽이 번개를 맞게 된 원인을 그린 이야기라면, 다른 한쪽은 정상인으로 회복하는 과정을 그린 이야기이다.

번개는 화자의 삶 전체를 송두리째 파괴시켰다. 모든 유(有)가 무(無)화 된 것이다. 건강을 앗아가 장애인으로 만들었고, 가정을 무너뜨려 고아로 만들었고, 사회와의 끈을 끊어버려 무직자로 만들었다. 겨우 목숨만 붙어 있는 무생물(無生物)이 된 셈이다.

그러나 화자는 박제가 되어버린 천재처럼 꿈을 꾼다. 꿈만 꾸는 것이 아니라 하나하나 실천한다. 정상인으로 닿기 위한 꿈, 그 꿈을 실현하기 위해 치열한 노력이 우리를 감동으로 물결치게 한다. 그 물결소리를 듣고 있노라면, 덧칠해진 영혼이 맑아지는 느낌이 든다.

번개는 천문 기상의 중요한 현상 중 하나이다. 파괴성과 그것이 일깨우는 공포성으로 말미암아 인간에 대한 하늘의 징벌 의지를 상징한다. 그렇다면 화자는 왜 그런 징벌을 받게 되었는가? 그 까닭은 〈원인을 알 수 없는 통증〉, 〈나의 첫 파견 근무지〉, 〈심장판막〉 이 세 편의 글에서 유추해 볼 수 있다.

화자는 초등학교 3학년 합천의 시골마을에 살던 시절, 원인 모를 통증에 시달린다. 그 통증은 발목, 종아리, 무릎에서 발생하여 열이 나고 퉁퉁 부어올랐다. 집에서는 민간요법으로 약을 만들어 복용하게 하였다. 그 해 겨울 기적같이 통증이 줄어들었다. 그런데 군입대해서 팀스피릿 훈련 중 도져서 큰 고생을 하다가, 20여 년이 지난 후 병명이 밝혀진다. 통증의 정체는 류마티스 균이었으며, 그 균이 심장 판막을 손상시켜 풍선확장시술을 하게 되었고, 6개월에 한 번씩 정기 검진을 받으라는 의사의 권유를 무시한 채 지내다가, 혈전이 머리 핏줄을 막아 뇌병변 번개를 맞은 것이다.

그러니까 하늘이 화자에게 내린 징벌은 두 가지이다. 의사의 권유를 지키지 않은 죄가 그 하나요, 성인이 된 후에라도 자세한 진단을 받지 않은 죄가 그 둘이다. 문제의 원인이 부모의 무지와도 관련이 있지만, 성인이 된 후에도 자신의 몸에 대한 무책임, 무관심과 직접적인 관련이 있으므로 부모를 탓할 일이 아니다.

> 미국소프트웨어 회사 한국대리점에 근무하던 때였다. 소프트웨어 프로그램 설치 및 기술지원을 하다가 회사 사정으로 영업업무를 하게 되었다. 영업하다 보니 술자리가 많아졌다. 저녁식사 하러 가는 중이었다. 머리가 욱신거리고 발걸음이 느려졌다. 동료들과의 거리가 점점 멀어지고 있었다. 시야에서 그들이 사라졌다. 무엇에 얻어맞은 듯 머리가 띵하고 울렸다. 잠시 후 내 몸의 모든 기능이 멈춰버렸다.(〈번개1〉)

이런 경우 골든타임이 3시간이라는데, 아무도 이에 대한 대처를 하지 못해 차갑고 스산한 응급실에 방치되었다는 사실이 안타깝다.

몇 해 전에 화자가 이때를 회상하며 시 형식을 빌어 쓴 글을 보자. 과거에 당한 참변이지만 감정을 절제하고 쓴 문장이어서 감동의 진폭이 더욱 크다.

> 번개는 나의 몸을 파괴시켰다/기억을 잃고, 말을 잊

고, 감각을 잃었다/머리와 얼굴은 반쪽이 없는 것 같았다/오른팔은 왼쪽 가슴에 뒤틀려 붙어 있었고/걸음걸이는 심하게 기울어진 모양이었다/번개는 나의 가족도 파괴시켰다/초등학교 4학년인 아들은 할머니께로 가고/초등학교 2학년인 딸은 엄마를 따라갔다/슬픔조차 느끼지 못한다는 사실이 얼마나 슬픈 일인지.(〈번개2〉)

전쟁보다도 더 참혹한 상황이다. 그러나 화자는 슬픔에 침전되어 있지 아니하고, 천재시절의 날개를 찾기 위하여 자신의 온 에너지를 쏟는다. 한결같이 잃어버린 것들을 찾겠다는 열망의 끈을 놓지 않는다. 살고 싶다는 열망, 말을 찾고 싶다는 열망, 걷고 싶다는 열망, 기억을 찾고 싶다는 열망, 발걸음을 찾고 싶다는 열망, 운전을 하고 싶다는 열망, 노래를 하고 싶다는 열망, 사랑하고 싶다는 열망, 글을 쓰고 싶다는 열망 등등. 그리고 이 열망들을 몸소 실천한다.

2. 잃어버린 날개를 찾아서

퇴원해서 흐릿한 정신이 조금씩 나아지자 번뜩 걸어야 한다는 사실을 깨달았다고 한다. 집안에서 혼자 걸으려고 하였다. 어떻게든 혼자 일어서고 몇 발자국 걸음을 옮길 수 있게 되었다. 그러자 동네 주변을 걷기 시작하였다. 몸 상태가 이상해도 그냥 걷고 또 걷기를 1년 하니까 조금씩 걷기에 자신이 붙었다고 한다. 걸으니까 바깥 경치도 보고 소통하는 공간이 확대되니까 그만큼 의식이 확장되었으리라.

> 어느 순간 산을 오르고 싶었다. 가까운 곳에 있는 산을 선택해 오르기 시작하였다. 오르고, 쉬고, 오르기를 반복하였다. 평지와 달라서 얕은 산이라도 엉금엉금 기어서 올랐다. 힘들어서 울 때도 있었고, 포기하고 싶을 때도 많았으나 억척스럽게 꾸준히 걸었다. 이러구러 몇 달의 시간이 흘렀다. 드디어 조그만 산을 오르게 되었다.(〈걷다〉)

종 두면 말 타고 싶다더니, 걷다 보니 차를 운전하고 멀리 더 멀리 가고 싶다는 생각이 들었다는 것인데, 그런 생각만으로도 희망이 꿈틀거리고 가슴이 쿵쿵 방망이질을 하였다고 한다. 우여곡절, 천신만고 끝에 운전을 익힌 뒤에 남긴 글 몇 마디가 가슴을 뭉클하게 한다.

> 불가능한지, 아닌지는 당신이 아니라 신이 결정합니다.(헬렌 켈러) 사람은 누구나 자기 자신에 대해서 자기가 알고 있는 것보다 훨씬 더 많은 능력을 갖추고 있음을 알았다. 만약 그때 나 같은 사람이 어떻게 운전을

해, 라는 결정을 내렸다면, 지금도 나는 스스로 살지 못하고 좌절과 절망 속에서 꼼짝 못 하고 운명에 뒤엉켜 있을 것이다.(〈운전하다〉)

걷기와 운전하기도 힘들었지만, 번개를 맞고 나서 가장 힘들었던 일은 말을 할 수 없는 것이었다고 한다. 말을 못하니 소통이 어렵고, 소통이 어려우니 관계가 끊어지더라는 것이다. 그러던 중 우연히 어느 장애인 훈련원에서 껌을 씹어 보라는 권유를 받고 껌을 씹어 혀를 푸는 일부터 시작했다고 한다.

그 뒤로 3년간 말을 못 하였다/고장난 시계처럼 숨이 멈추었다/죽을 만큼 힘든 세월이었다/누군가 다가와 지나치듯 말을 걸어왔다/껌을 씹어보세요/마비된 쪽으로 씹으면 말을 할 수 있어요/혀의 운동에 의해서 발음이 일어납니다/껌을 입에 달고 다녔다/1년이 지나자 서툴지만 어눌하게나마 의사소통할 수 있게 되었다.(말하다2)

껌을 씹어 마비된 혀를 푸는데 1년여의 세월이 걸린 셈이다. 말할 수 있다는 것이 얼마나 소중한 행복인가를 새삼 깨달았다고 한다. 어눌하나마 의사소통이 되니까 막힌 피가 돌 듯 시원하더라고 하였다.

아기처럼 말을 배우기 시작하는 어른아기. 아, 우, 음 발음을 하다 아마마, 아바바 하고 옹알이를 하다 엄마, 아빠 소리를 처음으로 냈을 때는 하늘이 열리는 줄 알았다는 그. 말을 배워 아들딸과 소통하니 뇌가 기쁘다는 그. 아, 그때마다 온 우주가 조용했겠다.

> 지휘자가 지휘봉을 들고 손을 올렸을 때 내 눈은 그 손을 놓치지 않으려고 열심히 따라다녔다. 순간 박자를 놓치기도 하고 가사를 잠깐 잊어버리기도 하였다. 숨이 차서 입만 크게 벌리는 순간도 있었다. 3분 30여 초간의 짧은 순간이었지만 내게는 한 달 반 동안의 노력을, 아니 삼십여 년간 노래에 대한 한을 한꺼번에 토해내는 순간이기도 하였다. 나의 첫 공식무대는 이렇게 끝이 났다.(〈노래! 날개를 달다〉)

장애인 합창단의 일원으로 합창대회에 나가 첫 노랠 불렀던 때의 감회를 적은 부분이다. 노래를 마치자 마치 날개를 달고 날듯한 기분을 표현하고 싶었던 듯싶다. 실제로 날개를 단 것이나 마찬가지이다.

한쪽 손으로 밥을 먹고, 한쪽 다리로 걷고, 굳은 혀를 풀어 말을 하고, 한쪽 발바닥으로 운전하며, 합창대회에 나가 상을 받고 이렇듯 다시 만들어 가는 세상 하루하루의 삶이 뿌듯하다는 그.

반쪽은 포기했지만 자기는 아직도 가진 것이 많다는 그, 그가 왜 매양 해맑은 웃음을 짓는지 알 듯도 하다. 잃어버린 날개를 되찾아 가는 기쁨으로 살아가고 있기 때문일 것이다.

3. 두 명의 구원자를 만나다

> 아무리 절망적인 상황이 닥쳐온다 해도 결코 당신은 혼자가 아닙니다. 모두에게서 버림받은 것도 아닙니다. 당신이 어두운 길을 헤매는 그 순간, 당신이 혼자라고 느끼는 그 순간, 당신을 사랑하는 신이 당신을 업고 갈 것이기 때문입니다.(조앤 롤링)

절체절명의 순간에 인간은 구원자를 만난다. 간절함이 어느 깊은 곳에 닿았기 때문일지도 모른다. 화자의 경우 번개 이후 숱한 조력자를 만나지만 가장 확실한 구원자는 사랑하는 아내와 은퇴한 K교수이다.

> 그렇게 한 달이 흘러갔다. 매일 보는데도 늘 함께 있고 싶어졌다. 그러면 안 되는 줄 알면서도 내 몸과 마음은 이미 그녀에게 풍덩 빠져 있었다. 이런저런 생각으로 혼자 애를 태우다 나를 도와주는 활동보조님에게 이야기해 보았다.(〈사랑은 아픔으로 다가온다〉)

장애인이라 해서 사랑을 모를까? 인간은 사랑의 감정으로 설레이는 한 청춘이란 생각이다. 화자에게서 이런 소년의 감수성이 언뜻언뜻 보인다. 가슴에 큐피트의 화살을 쏘아댄 아름다운 여성에게 한 발 두 발 다가가는 과정이 설레인다. 그러다가 삼각관계에 놓인 남성 때문에 고민하기도 하고, 여성의 가족들 반대에 마음 아파하면서, 결국은 만난을 무릅쓰고 혼인에 골인하기까지의 이야기는 언제 읽어도 훈훈하다.

사랑이 아픔으로 다가왔지만, 화자에게 부인은 남은 인생길의 동반자이기도 하면서, 가장 든든한 구원자이기도 하다.

지금은 2급 중증 장애인인 아내와 1급 중증장애인인 남편이 3급 장애인이 된 부인의 친정아버지를 모시고 사는데, 밀물처럼 다가오는 아픔을 사랑으로 씻어내면서 사는 모습이 참으로 아름답다. 서로 부족한 것을 채워주면서 살아가는 가족의 참된 모습이다. 그 가정을 보면 몇 겹의 인연으로 맺어진 축복의 성소(聖所)라는 생각이 든다.

두 번째 구원자는 은퇴한 K교수이다. 그가 설강한 치유커뮤니티에 화자가 어느 날 나타났다. 그 커뮤니티는 마음의 치유를 갈망하는 사람들이 모이는 곳이었다. 마음은 아프지만 신체적으로는 결핍된 부분이 없었기에 비장애인 커뮤니티였다. 그 교수는 장애인인 화자가 비장애인의 모임에 발을 들여놓은 것은 대단한 용기가 필요했을 것이라 생각했다. 그리고 그가 비장애인 모임에 들어왔다는 자체가 최상의 선택이라고 혼자 생각하였다. 왜냐하면 장애인이 비장애인과 섞여야 서로 도움이 될 수 있다고 생각했기 때문이다.

K교수는 또 하나의 강의를 개설하고 있었는데 문학창작이었다. 치유커뮤니티에서 마음속의 굳은 상처를 말로 풀어내어 치유한다면, 글쓰기를 통하여서는 글쓰기로 상처를 풀어내면 더욱 효과적이라 믿어 치유의 연장선상에 문학창작 강의를 두었던 것이다. 마음이 통했는지 궁합이 맞았는지 화자와 K교수는 그 후로도 빠짐없이 동행하여 왔다고 보여진다.

> 내가 뇌졸중으로 쓰러진 지/20여 년이 지난 2016년 3월/나에게도 큰 빛을 주신 분이 나타나셨다/그 분은 내 몸의 쓸 수 있는 쪽을/쓸 것을 당부하고 또 당부하셨다. 20년의 우울과 방황을 끝내고/내 안의 사랑을 끌어내는/글을 쓸 수 있다는/꿈을 갖게 해준 이는/문학을 통해 마음을 치유하는/문학테라피스트 K교수님/내 인생의 멘토이시다.(《은인》)

글 속에서 그는 리더, 멘토, 은인, K교수 등등 여러 호칭으로 등장한다. 그가 실제로 이 글을 보면 민망할 듯싶다. 그러나 그는 그냥 넘어갈 것이다. 화자가 사실을 왜곡하거나 과장할 능력의 소유자가 아니라는 사실을 알기 때문이다.

위 인용문 외에도 화자가 여러 곳에서 말하는 내용을 보면 화자에게 K교수는 구원자임이 틀림없다. 그를 만나서 산만하던 일상의 내용들에 성찰적 의미가 더해지면서 자존감이 강한 주체로 우뚝 서는 계기가 되었던 것 같다. 그와 함께 '길 위의 아카데미' 멤버로서 꾸준히 참여하여 지금은 그 모임의 회장을 역임하고 있다든가, 그가 나가는 강연회에 화자를 게스트로 출연시켜 대중 앞에서 자신감을 갖도록 훈련하는 장면은 참으로 웅숭깊은 배려인 듯하다. 그러나 뭐니 뭐니 해도 화자의 등단을 돕고, 첫 작품집 〈해맑은 영혼처럼〉을 상재하도록 도운 일은 아주 특별한 사제관계를 암시하는 부분이다.

문학적 글쓰기란 철학, 사상, 심리학 등과 같이 높은 단계의 정신노동에 속한다. 그 중에서도 문학은 이성과 감성의 조화로움으로 창작해내는 텍스트여서 비장애인의 경우도 소화하기 어려운 장르이다. 더구나 화자는 이성을 관장하는 좌뇌를 다쳐 논리적으로 조합하는 일이 힘겨울 수밖에 없다. 그럼에도 불구하고 당당히 수필가의 반열에 오르고 첫 작품집을 세상에 내보이게 된 것은 참신한 혁신이고 혁명이다.

4. 한 사람의 생각이 세상을 바꾼다

황혼의 나이가 되었을 때 나는 마지막 시도로 나와

가장 가까운 가족을 변화시키겠다고 마음을 정했다.
하지만 아무것도 달라지지 않았다. 이제 죽음을 맞이
하기 위해 자리에 누운 나는 문득 깨닫는다. 만약 내가
내 자신을 변화시켰더라면 그것을 보고 내 가족이 변
화되었을 것을. 또한 그것에 용기를 얻어 세상까지도
변화되었을지도.(영국성공회 웨스트민스터 대성당 지
하 묘지 주교님의 묘지에 적힌 문구)

 위 인용문의 말을 자신이 변해야 자신을 구하고 세상을 구한다는 말로 바꾸어도 좋겠다. 화자가 어려운 환경 가운데에서도 잃어버린 날개를 찾을 수 있었던 것은 자신이 변했기 때문이다. 옳은 말에 공감하고 실천했기에 번개를 맞던 때의 그와는 전혀 다른 사람으로 바뀔 수 있었다.
 누구에게나 공감과 실천은 삶에 있어서 가장 중요한 덕목이다. 이 두 가지가 있어야 용감하게 변할 수 있다. 화자가 이처럼 보석 같은 자산을 간직하고 있는 한, 그는 날개를 달고 하늘 높이 비상할 것이다. 해맑은 영혼 유해원 수필가, 그가 더욱 깊어지고 넓어져 세상을 바꿔가는 빛나는 미래가 벌써부터 기대된다.

(時雨)

해맑은 영혼처럼

펴낸날 1판 1쇄 발행 2021년 11월 30일
　　　　 2판 1쇄 발행 2022년 1월 25일

발행인 유 해 원
인쇄처 도서출판 한솔
　　　　 충북 청주시 서원구 모충로145번길 5-6(사직동)
　　　　 전화 : 043) 264-3079 / 8341
　　　　 등록 제아32호(1987년 12월 3일)

ⓒ 유해원, 2022

ISBN 978-89-91475-54-0   03810
값 12,000원

* 지은이와 협의하여 인지는 생략합니다.
* 이 책 내용의 전부 또는 일부를 재사용하려면 반드시 지은이와 도서출판 한솔
　양측의 동의를 받아야 합니다.